Autistas
DO ALÉM

Nelson Moraes
pelo *Espírito Eduardo*

Autistas
DO ALÉM

Aliança

1ª edição, maio/2014, do 1º ao 3º milheiro.

Título
Autistas do Além

Autor
Nelson Moraes

Revisão
Antônio Roberto de Carvalho

Diagramação
Ariane Haas Franco

Capa
Bárbara Francis Bugno Gomes

Impressão
Assahi Gráfica e Editora Ltda.

Ficha Catalográfica

Dados Internacionais de Catalogação na Publicação (CIP)
(Câmara Brasileira do Livro, SP, Brasil)

Eduardo (Espírito).
Autistas do Além / pelo espírito Eduardo;
[psicografado] Nelson Moraes. -- 1. ed. --
São Paulo : Editora Aliança, 2014.

ISBN 978-85-8364-008-0

1. Psicografia 2. Romance espírita
I . Moraes, Nelson II Título

14-04131 CDD-133.9

Índice para catálogo sistemático

1. Romance espírita: Espiritismo 133.9

Editora Aliança

Rua Major Diogo, 511 - Bela Vista - São Paulo - SP
CEP 01324-001 | Tel.:(11) 2105-2600 | Fax: (11) 2105-2626
www.editoraalianca.com.br | editora@editoraalianca.com.br

SUMÁRIO

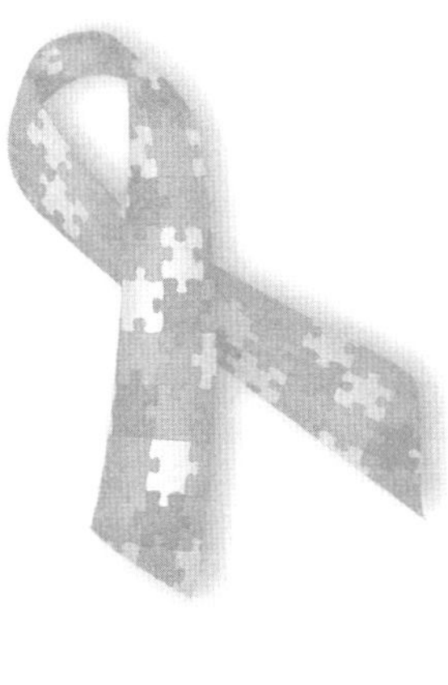

CAPÍTULO 01

NOTA DO MÉDIUM

Este é um fato verídico, ocorrido após a desencarnação de um jovem colhido em um acidente na capital de São Paulo. Entretanto, os nomes e certas circunstâncias foram alterados, em vista de se resguardar as pessoas envolvidas que ainda permanecem encarnadas em nossos meios.

Estes acontecimentos foram ditados ao médium pelo jovem Eduardo, também desencarnado por acidente.

Eduardo, depois de retornar à Pátria espiritual, enviou várias mensagens por meio da mediunidade de Francisco Cândido Xavier. Numa delas, ressaltou os problemas que envolviam muitos jovens recém-desencarnados. Disse ele, que alguns desses jovens, em função da saudade angustiante, entregaram-se a estranhas obsessões; outros, ainda doentes, encontram-se sem condições para escrever confortando alguém.

Plenamente integrado à vida espiritual, Eduardo passou a dedicar seus préstimos a esses jovens. Não como um benfeitor, diz ele, mas como um amigo que já superou os primeiros obstáculos de uma nova experiência.

O título Autistas do Além foi sugerido pelos acontecimentos aqui registrados, em que o personagem, em determinado momento, assume um comportamento idêntico ao dos Autistas encarnados. Certamente este título atrairá estudiosos do assunto, porém devemos esclarecer que a obra em si não se concentra em torno do problema propriamente dito, mas enfoca os sentimentos e as emoções que podem levar um Espírito à condição de Autista.

Nelson Moraes

CAPÍTULO 02

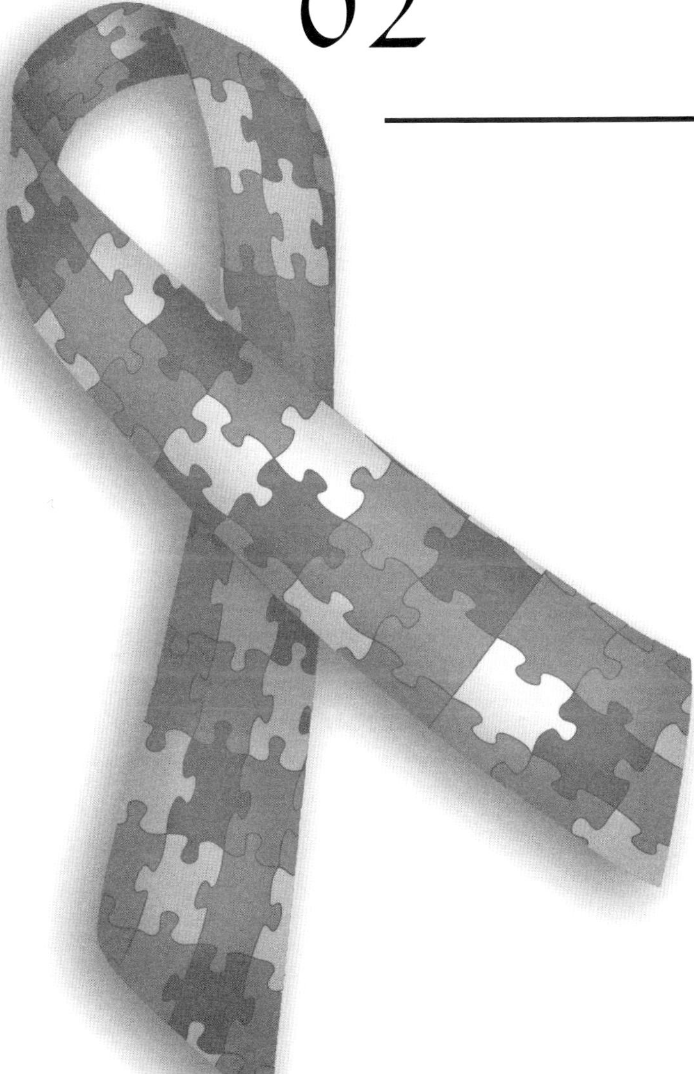

ESCLARECIMENTOS

Nós, jovens domiciliados no Além, muitas vezes em nossas comunicações com os nossos entes queridos deixamos transparecer que a vida aqui segue nas mesmas condições de quando encarnados. É justo, porém, compreendermos que os valores da Terra não se confundem com os do Espírito eterno e que as circunstâncias que nos envolvem agora nos obrigam a transformações profundas no que se refere às novas condições de vida, onde somos o que pensamos e deixamos transparecer visivelmente o que sentimos.

O equilíbrio das nossas emoções torna-se fator imprescindível a ser alcançado. Temos visto muitos companheiros enfrentarem graves dificuldades oriundas do campo emocional descontrolado.

Muitos desses nossos irmãos, tomados pela saudade angustiante, agravada pela insegurança de que são acometidos, projetam-se às zonas de sofrimento e, quando não, retornam ao reduto doméstico e tentam desesperadamente retomar a vida que lhes escapou. Portam-se à semelhança dos Autistas da Terra, recusam o mundo em que estão vivendo, concentrando-se num mundo que já não conseguem alcançar. Ao sentirem-se frustrados nesse anseio desesperado, imergem dentro de si mesmos, isolando-se de tudo e de todos.

São os Autistas do Além.

Dedicados benfeitores da Estância de Amor, onde estou domiciliado, empregam grandes esforços na recuperação desses irmãos. Somos uma imensa colônia de trabalho vinculada às instituições terrenas que se dedicam às tarefas de assistência aos Espíritos desencarnados, promovendo orientação e socorro por meio dos recursos da mediunidade. A calma que tenho demonstrado em minhas atitudes, desde que cheguei a esta colônia, é o único atributo que me permitiu integrar uma equipe de Espíritos que atua nessa área.

Somos três companheiros que prestam auxílio no tratamento de casos que geralmente envolvem jovens recém-desencarnados e quase sempre por acidente, o que facilita muitas vezes nossa tarefa, pois nos identificamos com eles. Devo esclarecer que somos uma equipe entre centenas de equipes existentes em nossa colônia e que o fenômeno que denominamos de Autistas do Além se verifica em todas as faixas etárias mantidas pelos Espíritos desencarnados; portanto, encontramos envolvidos nesse processo Espíritos que desencarnaram com idades que variam da infância à velhice. À semelhança de um espectador de fatos, vou narrar os acontecimentos que envolveram o tratamento de um jovem e que, no desenrolar das ocorrências, trarão à baila preciosos esclarecimentos que por certo irão colaborar, não só com aqueles que abraçaram a tarefa de auxílio no campo do Espírito humano, mas principalmente aos pais que sofreram a separação provisória no decorrer da vida passageira, devolvendo seus filhos queridos aos planos da vida eterna.

Eduardo

CAPÍTULO 03

OS SOCORRISTAS

Rompia a aurora clareando os horizontes quando fomos chamados pelo coordenador das tarefas socorristas. Atravessamos os jardins que circundam o edifício central de nossa Estância. As flores, naquela manhã, irradiavam do colorido pujante vibrações que se traduziam em nossos espíritos como hinos de esperança, incentivando-nos ao trabalho edificante. Venâncio, sorridente como sempre, nos recebeu à porta do seu gabinete, abraçando-nos carinhosamente.

— Então, meus jovens! Estão dispostos a uma nova empreitada de amor?

—Onde conseguiremos tal amor?– respondeu Afrânio, o orientador da nossa equipe, demonstrando seu constante bom humor.

Venâncio sorriu e afirmou:

— O amor é uma força que todos possuímos! Apenas não temos aprendido a aplicá-la ao encontro de suas finalidades superiores. Encontramo-la desequilibrada nas paixões, perturbada no ciúme, transfigurada no ódio, controvertida no egoísmo e, finalmente, sublimada nos anjos. Somente quando aprendermos a direcioná-la, equilibrada em grandes ou pequenas parcelas na direção do bem geral, é que começará a agir em nosso próprio benefício. O Evangelho, no seu contexto, apresenta-nos o amor como a solução final para todos os problemas da humanidade. É o amor emanante de Deus que sustenta todos os reinos de vida, desde o micro até o macrocosmo; quando todos nos ajustarmos a esse amor, contribuindo com o equilíbrio geral da criação, nosso coração estará pulsando em sintonia com o coração do universo.

Afrânio olhou para nós, demonstrando admiração pelas palavras de Venâncio. Este, registrando a nossa emoção, continuou:

— Enquanto ensaiamos esse amor, apliquemos os recursos de que dispomos no momento na direção daqueles que recorrem aos benefícios das nossas tarefas. Temos em mãos um relatório de informações sobre um jovem, vítima de um acidente que promoveu seu retorno às nossas esferas. Apesar de toda assistência recebida em nosso plano, envolveu-se em profunda depressão, agravada pelo sentimento de saudade de sua mãe que acabou arrastando-o ao ambiente doméstico, onde se encontra há mais de um ano, sob o domínio da obsessão. Parentes há muito desencarnados tentaram, por todos os meios possíveis, trazê-lo à realidade à qual rejeita, fechando-se no mundo que imprevidentemente criou para si.

— Quando devemos iniciar o nosso trabalho? – perguntou Afrânio.

— Imediatamente. Já comuniquei ao encarregado do seu pavilhão, que manterá contato permanente com vocês para atender aos recursos que solicitarem no decorrer do tratamento. No lar em questão, contarão com a colaboração de Artur, um Espírito amigo da família.

Após entregar-nos o relatório e fazer as devidas recomendações, Venâncio proferiu uma prece, solicitando o amparo das esferas superiores durante o tempo que permaneceríamos na crosta.

De posse das informações contidas no relatório, nos dirigimos ao local. O lugar era-nos conhecido, pois tanto eu quanto Afrânio e Décio havíamos residido em São Paulo. A casa demonstrava pertencer a uma família de classe média, paredes externas revestidas, pequeno jardim e uma garagem gradeada até o alto da laje.

Entramos...

Na sala, uma menina de uns oito anos, deitada no tapete, coloria algumas figuras desenhadas no papel.

— Esta é Eliza, – falou Artur, saindo de um dos aposentos – a irmãzinha de Raul. Sejam bem-vindos! Esperava ansioso a chegada de vocês.

— Eu sou Afrânio, estes são Décio e Eduardo.

Depois de trocarmos algumas palavras próprias de momentos como este, Artur nos convidou:

— Venham, vou mostrar-lhes a casa. Acompanhados pelo nosso anfitrião, fizemos um reconhecimento em todos os cômodos. Na cozinha encontramos Júlia que, segundo Artur, era uma dedicada senhora que servia à família há muitos anos. Quando nos aproximamos, pareceu registrar nossa presença. O casal estava ausente; Renato, pai de Raul, estava trabalhando, Elisete, a mãe, havia ido ao cemitério como fazia todas as semanas. Por último, nos conduziu ao quarto que pertencera a Raul. As paredes estavam forradas de pôsteres próprios da juventude. As roupas, os sapatos e tênis estavam dispostos pelo quarto como se ainda fosse habitado pelo jovem. O aparelho de som e as fitas denunciavam seu gosto pela música moderna.

Artur, demonstrando tristeza, falou:

— Elisete passa horas neste ambiente, envolvida em recordações que lhe afetam profundamente a saúde. Esse comportamento favorece e acentua a sua ligação com o Espírito Raul, que se compraz nessa situação. Sei dos compromissos assumidos por Raul, antes de reencarnar nesta última romagem pela Terra. O tempo em que ele se demora enfermo ameaça-lhe com sérios comprometimentos para o futuro. Foi por esse motivo que recorri a Venâncio, solicitando ajuda à Estância de Amor.

Notando a preocupação de Artur, coloquei meu braço sobre seus ombros e informei-lhe:

— Não se preocupe, temos em nosso favor, além do apoio total da nossa colônia, os préstimos abalizados de Afrânio que, apesar da condição de jovem com que se apresenta, é um Espírito de muitas experiências, conhecedor profundo das emoções humanas, e tem nos surpreendido com resultados dos mais expressivos no campo da Psiquiatria, o que justifica a total confiança que Venâncio deposita em seus préstimos. Basta que nos empreste sua colaboração para que alcancemos um final feliz sob o amparo de Jesus.

Afrânio meneou a cabeça, retrucando:

— Não leve em conta a bondade com que Eduardo faz suas referências a mim, vamos nos acomodar, pois você tem muitas informações que devemos ouvir. Conte-nos sobre o relacionamento de Raul com sua mãe.

— Desde o nascimento do rapaz, Elisete demonstrou por ele um zelo excessivo. Tratava-o como se fosse um bebê frágil, resguardava-o das repreensões do pai, encobrindo suas faltas. Ele, por sua vez, se submetia à mãe num regime de dependência que perdurou até os dezenove anos, quando aconteceu o acidente. Esse relacionamento gerou em Raul uma timidez que o impedia de realizar grandes investidas no mundo lá fora, passava a maior parte do seu tempo confinado no quarto estudando ou ouvindo música. Uns sete meses antes do acontecido, conheceu uma jovem por quem se apaixonou. Quase todos os dias ia ao seu encontro.

Pensou muitas vezes em falar a respeito com a mãe, mas temia uma represália por parte dela, então ocultou seu romance, levando consigo o segredo.

— E Renato? – perguntou Afrânio.

—Renato apegou-se mais à menina. Embora amasse Raul, o relacionamento entre os dois era bastante difícil.

— O processo obsessivo ocorreu após quanto tempo do desencarne? – perguntei.

— Logo depois do acidente, Raul foi recolhido pelos braços do bisavô paterno e conduzido a um hospital próximo da crosta. Ali recebeu tratamento adequado até quando recobrou a consciência. Informado pelo bisavô sobre a nova situação, sofreu algumas crises que foram superadas com muito esforço dos benfeitores da instituição benemérita que o acolheu. Segundo me informou Elpídio, o bisavô, tudo marchava para a normalidade. Raul, embora muito abatido em suas forças, parecia aceitar bem a nova condição em que se encontrava, até que começou a registrar o desespero de Elisete, cujos gritos angustiados chegavam até ele como um bombardeio nas suas forças psíquicas, abalando profundamente sua organização espiritual. Então, um dia, projetou-se alucinado ao encontro dos apelos da mãe, vindo instalar-se junto dela onde permanece até hoje. Isso ocorreu quatro meses após o desenlace, período que Elisete passou totalmente fora de si, acometida de crises constantes de desespero, vindo acalmar-se aparentemente após Raul ligar-se a ela.

— Muito bem, Artur – disse Afrânio –, tais informes nos são de extremada valia, aguardemos a chegada de nossa irmã, a fim de colhermos as impressões do caso. Esperamos corresponder às suas expectativas no que se refere ao bem-estar dos seus tutelados.

Eram pouco mais de onze horas quando Elisete retornou ao lar. Estávamos diante de uma jovem senhora que, apesar do semblante perturbado, demonstrava traços de uma beleza singular. Raul agarrava-se ao seu perispírito à semelhança de uma sombra vinculada aos seus movimentos. Sua mente demonstrava intensa atividade, irradiando sobre o córtex cerebral da mãe, estabelecendo uma estranha simbiose. Décio tentou fazer-se sentir por ele, mas não conseguiu, o que caracterizou o estado profundo de obsessão em que se projetou. As palavras nada significavam, nem interferiam no seu comportamento. Aproveitando um momento em que Elisete se acomodara no sofá para descansar da caminhada ao cemitério, Afrânio aproximou-se sondando-lhe o íntimo.

— Raulzinho, meu filho, você não pode me deixar; eu preciso de você, Deus nos traiu. Jamais vou aceitar nossa separação. Deus não foi justo!

— Eu estou aqui, mamãe – respondeu Raul. – Ninguém vai nos separar, ninguém; vou ficar com você para sempre...

Após ouvir esse diálogo mental, Afrânio voltou-se para nós, concluindo:

— Estamos diante de um caso bastante delicado. No campo da fé, dispomos de quase nenhum recurso, visto que nossa irmã não demonstra nenhuma tendência religiosa. Você, Artur, já tentou aproximá-la de alguém que pudesse ajudar com os recursos da Doutrina Espírita?

Perguntou Afrânio.

— Sim, mas foi em vão, ela rejeitou os préstimos de uma senhora amiga da família que tentou conduzi-la a um núcleo de trabalhadores próximo daqui.

— Precisamos realizar uma incursão ao pretérito do nosso irmão – disse Afrânio

–, a fim de amealharmos recursos que possam auxiliar como atrativo para resgatá-lo do mundo construído nas vibrações doentias de sua mãe. Vou retornar à Estância de Amor. Enquanto isso, eu peço a você, Artur, para conduzir Décio e Eduardo até a residência da jovem a quem Raul dedicou sua atenção enquanto encarnado, a fim de colherem informações que nos possam ser úteis.

Conduzidos por Artur, chegamos a uma residência de características humildes, porém bastante ampla. Era um casarão antigo.

—Aqui mora Elza, uma menina de dezoito anos, filha mais velha do casal. Trabalha não muito longe daqui, chega sempre por volta das dezoito horas e trinta minutos. Raul, quase todos os dias a apanhava no trabalho, acompanhando-a até o portão da casa onde ficavam horas conversando. Ele tinha por ela extremado carinho.

Entramos na casa...

Fomos recebidos por irmã Clara, um Espírito dedicado àquela família, que demonstrou conhecer Artur.

— Como vai, meu querido irmão ? O que o trouxe desta vez à nossa casa?

— Trago comigo dois companheiros que vão colaborar no tratamento do Raulzinho.

— Pobre menino, vejo que não consegue libertar-se dos laços com que sua mãe o envolve. Ponham-se à vontade e digam-me como posso ajudá-los.

— Irmã Clara – disse Artur –, precisamos de algumas informações sobre Elza. Estes são Décio e Eduardo, eles vão lhe fazer algumas perguntas.

— Pois não – atendeu solícita a senhora.

— Precisamos saber como Elza reagiu quando se inteirou do acidente – perguntei.

— Sofreu muito, pobrezinha! Ficou abatida durante meses, mas com o auxílio de todos, tem conseguido superar; embora a tenha surpreendido em alguns momentos relembrando seus dias felizes com ele.

— Ela tem alguma fé religiosa?

— Ela andou lendo alguns livros espíritas e, algumas vezes, tem ido assistir palestras na Federação, principalmente depois que Raul retornou ao nosso plano.

— Muito obrigado, irmã Clara – agradeci. – Foram de muita valia tais informações. Se nos permitir, retornaremos logo mais à noite acompanhados de Afrânio, o nosso orientador.

— Serão bem-vindos!

Despedimo-nos e dali retornamos para a residência que, desde cedo, se tornara nosso ambiente de trabalho. Renato, um senhor bastante simpático, retornou ao lar por volta das dezenove horas. Entrou, beijou a fronte da esposa, abriu os braços a Eliza que, correndo, atirou-se em seu colo, envolvendo-o carinhosamente com seus beijos de criança. Dirigiram-se para a cozinha onde Júlia terminava os preparativos para o jantar. Sentaram-se à mesa depois da higiene habitual. Nós nos colocamos na posição de espectadores, acompanhando o colóquio familiar.

— Elisete, querida – falou Renato, demonstrando sua preocupação com a saúde dela –, você precisa parar de tomar os calmantes.

— De jeito nenhum! Você sabe que eu não posso ficar sem eles. Mesmo tomando-os, tenho dificuldades para dormir – respondeu um tanto contrariada.

— Você precisa se distrair, visitar as amigas, seus pais... Por que não pega Eliza e vai dar um passeio até a casa de dona Florinda, que sempre se mostrou muito amiga?

— Para quê? Para ficar ouvindo suas "baboseiras" tentando me convencer sobre o espiritismo?

— Este seu comportamento não vai mudar em nada o que já aconteceu, e nem tão pouco trará Raul de volta. Você precisa dedicar maior atenção à Eliza, principalmente agora que começou a estudar; seu carinho torna-se imprescindível, neste momento em que ela começa a descortinar um mundo novo no vaivém da escola.

Elisete olhou demoradamente para a menina, seus olhos umedeceram, e por alguns momentos percebemos afrouxarem-se os laços que a uniam a Raul. Este imediatamente reagiu, imprimindo maior influência sobre ela que logo se transfigurou.

— Não admito que fale assim comigo! Nunca faltei com minhas obrigações com você e tampouco com ela.

Dizendo isso, levantou-se e foi para o quarto que pertencera a Raul e ali se entregou ao pranto durante horas. Enquanto aguardávamos o retorno de Afrânio, íamos nos inteirando do clima que predominava naquele lar. Percebia-se claramente a tristeza de Renato, que não conseguia manter um diálogo com a esposa. Renato levantou-se tomando Elisa nos braços e foi para a sala.

— Papai, por que a mamãe fica sempre brava com você?

— A mamãe está doente, precisamos ter paciência com ela.

— Liga a televisão, papai.

Renato ligou o aparelho, controlando o volume do som no mínimo e começou a folhear um jornal. Décio aproveitou aquele momento para sondar-lhe o íntimo, visivelmente amargurado. Percebeu que naquele coração ainda palpitava uma esperança. Apesar de tudo, acreditava que um dia tudo voltaria à normalidade.

— É, Eduardo – disse Décio –, graças a Deus dispomos de alguns recursos positivos, tanto com a Elisete, que demonstrou amar Elisa, quanto com Renato, que ainda não se entregou. Isso poderá contribuir bastante com os nossos esforços.

Afrânio chegou, era quase meia-noite. Artur acompanhou Eliza que se dirigiu aos seus aposentos tomada pelo sono, voltando a reunir-se conosco. Renato retirou Elisete do quarto que pertencera a Raul, conduzindo-a para o dormitório do casal onde se recolheram. Júlia retirou-se para o quarto fora da casa, onde dormia durante os dias da semana, deixando a residência apenas aos sábados, retornando às segundas-feiras.

CAPÍTULO 04

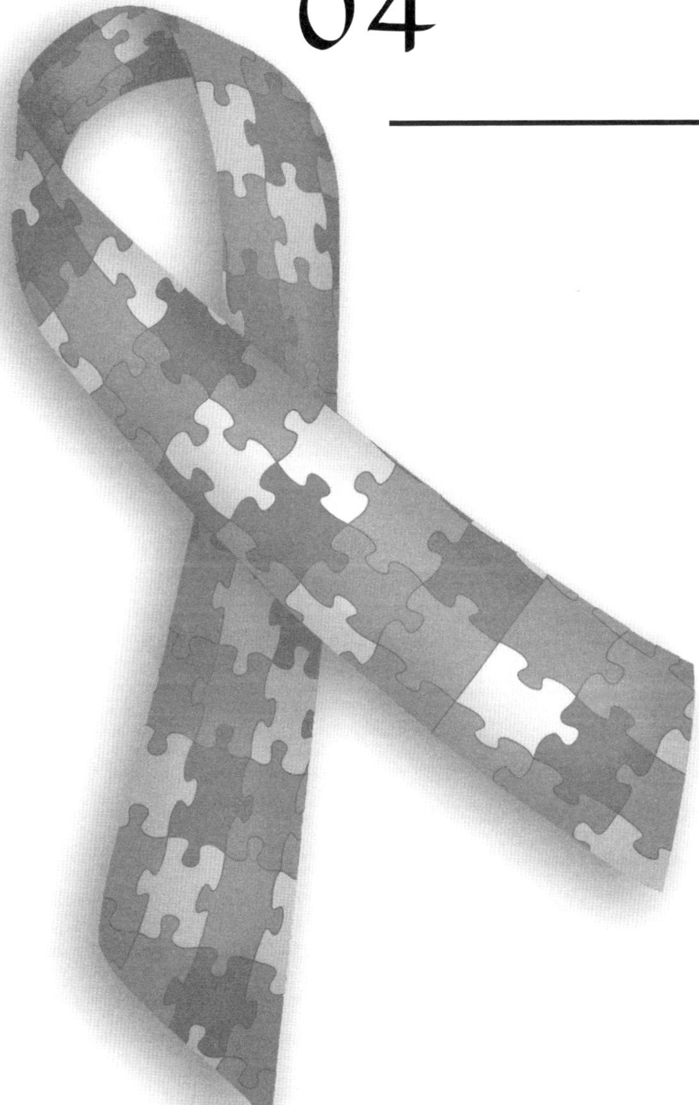

ELZA

Acomodamo-nos na sala, ouvindo Afrânio que nos prestou esclarecimentos relativos à situação em que se encontrava o nosso enfermo.

— Raul é uma das milhares de vítimas do amor possessivo, que gera um estado de dependência e que leva a um embotamento das forças positivas do Espírito, tornando--o passivo, a ponto de deixar-se conduzir ao invés de se conduzir. Renuncia à vontade própria, submetendo-se a uma vontade que o domina, a qual assimila por afinidade e na qual se compraz. Dificilmente conseguiremos arrebatá-lo da situação em que se encontra, se não dispusermos de elementos bastante fortes que possam intervir no campo emotivo, visto que pelos caminhos da razão, jamais o alcançaremos. Portanto, vamos concentrar nossos primeiros esforços na jovem, cujos laços de amor ainda se mantêm vivos. Décio e Artur deverão permanecer aqui, enquanto você me conduz à residência da jovem.

Saímos...

Enquanto nos dirigíamos ao encontro de Elza, informei Afrânio de tudo o que havíamos observado, narrando em detalhes as informações que obtivemos a respeito do relacionamento do casal e das reações de Elza ante o acidente de Raul. Senti que tais informações deixaram Afrânio um tanto otimista.

Chegamos ao lar de Elza...

Apresentei Afrânio à irmã Clara que nos recebeu afetuosamente. Informada das intenções de Afrânio, conduziu-nos ao quarto da jovem. Ela dormia junto ao corpo, estendida em uma cama de casal. Afrânio colocou-se diante do leito, fechou os olhos com a cabeça voltada para o alto, permanecendo nessa posição por alguns momentos. Eu o observava, não podia imaginar o que pretendia. Estava absorvido pela curiosidade, quando ele começou a transfigurar-se, irradiando uma luz que envolveu todo o ambiente, transmitindo uma suave sensação de paz e segurança. Elza começou a agitar-se e, aos poucos, foi se desdobrando na direção dele.

— Perdoe-me, querida irmã – falou Afrânio –, por interferir na sua liberdade, perturbando seu justo descanso. Venho solicitar em nome de Jesus seus préstimos para arrebatar do sofrimento alguém que você ama muito. Trata-se de Raul.

Elza sentou-se na beira da cama e começou a chorar copiosamente. Afrânio, nesse momento, vibrou sobre a sua cabeça, emitindo raios azulados que vertiam de suas mãos, penetrando o cérebro da jovem. Passados alguns instantes, ela se levantou completamente transfigurada numa mulher aparentando uns trinta anos, envolvida em roupas antigas, afigurando-nos uma fina dama, dando-nos a impressão de um passado distante retornando ao presente. Voltando-se para Afrânio, disse-lhe:

— É muito o que me pede. Tenho desperdiçado muitos anos da minha existência disputando o amor desse fraco com aquela megera.

— Procure se lembrar. Antes de reencarnar prometeu ajudá-lo, talvez este seja o momento oportuno de começar. Irmã querida... Deus ama seus filhos e os quer unidos pelos laços do amor legítimo. Muitas vezes os caminhos para a união definitiva estão contidos nos processos das separações provisórias; confie um tanto mais na misericórdia divina e ajude-nos no presente para que alcance a felicidade no futuro.

Diante das sábias e afetuosas palavras de Afrânio, a dama começou a chorar, transfigurando-se novamente na jovem Elza que, ainda em prantos, prontificou-se a ajudar.

Irmã Clara, envolvendo-a carinhosamente, conduziu-a para o corpo físico. Despedimo-nos retornando à residência de Raul. Enquanto retornávamos, pedi explicações a Afrânio sobre a transfiguração de Elza e como fora possível tal fenômeno. Atendendo à minha curiosidade de aprendiz, esclareceu-me atenciosamente.

—Fui obrigado a estimular as lembranças de Elza, a fim de aquilatar suas ligações com Raul. No momento em que tais lembranças afloraram e foram se tornando nítidas em sua mente, por força destas, seu envoltório fluídico foi se ajustando às recordações que predominaram naquele momento. Por alguns instantes a personalidade de Elza foi esquecida, o que facilitou a transfiguração que presenciamos.

Na residência de Elisete, todos dormiam. Quando chegamos, fomos ao quarto do casal onde Décio mantinha vigilância, observando o comportamento dos enfermos.

—Alguma alteração?–perguntou Afrânio.

—Nenhuma importante. Apenas por duas vezes Elisete ameaçou sair do corpo, mas desistiu.

—Continue atento.

Caminhamos aos aposentos de Eliza. Seu corpinho descansava na cama, mas em Espírito ela brincava com Artur, que demonstrava extremado carinho por ela. Artur fazia-a rir descontraída quando saímos. Alcançando a rua nos dirigimos a uma praça próxima dali. Sentamo-nos sob uma enorme paineira, cujos galhos se estendiam para o alto como tentando agarrar as estrelas que naquela noite se mostravam exuberantes. A lua escondia-se no horizonte, mas seus raios prateados ainda tinham forças para atravessar a folhagem da paineira, iluminando as gotas de orvalho que umedeciam a grama. Lembrei-me de minha mãe, cujos olhos, nos momentos das maiores alegrias, brilhavam como as gotas de orvalho banhadas pelo luar. Senti meu coração pulsando com o coração do universo. Lembrei das palavras de Venâncio quando se referiu ao amor. Como seria bom se todos tivéssemos essa força sob controle, quantos dramas se evitariam neste planeta maravilhoso. Admirava a sabedoria de Venâncio. Afrânio, parecendo registrar meus pensamentos, asseverou:

— Venâncio é um Espírito que tenho aprendido a venerar! Seu amor é tão grande quanto a sua sabedoria. Seus préstimos na Estância de Amor representam milhares de Espíritos resgatados do sofrimento. Quase sempre vítimas de um amor desequilibrado, o que para ele se constituiu numa especialidade. Venho acompanhando-o há muito tempo, amealhando valiosos recursos em termos de conhecimentos, o que para mim, um Espírito apaixonado pela ciência que estuda a mente e seus problemas, representa um grande acréscimo. Pretendo no futuro retornar às experiências da matéria para dar continuidade ao meu trabalho no campo da Psiquiatria, no qual venho militando há muito, quase sempre experimentando fracassos, principalmente no que se refere à fé. Aliás, a prova mais difícil para aqueles que ingressam no mundo das ciências. Espero que, com as experiências que tenho adquirido nestas investidas de trabalho junto à crosta, consiga acumular subsídios suficientes para sustentar-me em minha próxima incursão na matéria. Em minha última jornada terrestre, logo após conquistar o título acadêmico, retornei para cá atendendo a uma programação ulteriormente preparada, da qual este nosso trabalho faz parte.

À medida que Afrânio falava, eu nutria por ele uma sensação mista de afeição e respeito. Parecia-me que guardava no peito um mundo de recordações, como alguém que já vivera muitas encarnações. Estava envolvido nesses pensamentos quando me pegou pelo braço:

— Vamos! Já amanhece. Hoje você deve dedicar algum tempo junto a Elza; precisamos que esteja recolhida cedo ao leito, pois pretendo conduzi-la à presença de Raul esta noite.

Parti rumo à residência da jovem. Eram pouco mais de seis horas da manhã e irmã Clara recebeu-me sorridente. Quando Elza saiu, acompanhei-a em direção ao local de trabalho. Era um amplo escritório, fazia parte da administração de uma fábrica. Ela trabalhava como datilógrafa, juntamente com uma colega que tinha mais ou menos a idade dela. Conversavam muito. Em determinado momento interessei-me pela conversa e aproximei-me para ouvir.

—Esta noite tive um sonho esquisito – falou para a colega.

—Conta, eu adoro ouvir sobre sonhos.

—Eu não sei explicar, foi tão estranho! Eu conversava com um homem sobre o Raul. Chorava muito, de repente me vi num outro lugar, vestida com umas roupas estranhas. Uma mulher segurava Raul e eu lutava para tirá-lo dos seus braços. Depois acordei, mas não estava acordada, não sei se você entende. Então vi aquele homem de novo, é como se eu estivesse sonhando dentro do sonho, foi uma coisa realmente estranha.

—Você não sonhava sempre com a mãe do Raul tirando-o de você?

—Só que desta vez não era ela, mas sim uma mulher estranha. Nós estávamos vestidas com roupas antigas.

—Não será trauma pelo medo que você e o Raul tinham dela?

—Talvez, mas agora que ele já morreu não se justifica.

—Sonho que a gente não consegue compreender é melhor esquecer – arrematou a colega.

—Você tem razão.

Permaneci ali com ela até cumprir o horário da jornada de trabalho daquele dia. No final da tarde, tive que intervir, provocando-lhe sonolência, pois a colega insistia para que fossem juntas visitar uma amiga, o que poderia atrapalhar nossos planos. Elza desculpou-se e nós retornamos à sua residência, onde aguardei junto dela a chegada de Afrânio. As horas avançavam. Já passava da meia-noite. Quando Afrânio chegou, eu estava na sala com a irmã Clara, que imediatamente nos conduziu ao quarto de Elza. A jovem dormia profundamente. Tocada pelas vibrações de Afrânio, despertou vagarosamente, desdobrando-se em nossa direção. Parecia lembrar-se do compromisso assumido na noite anterior, pois assimilou as orientações naturalmente. Juntos alcançamos a residência de Raul. Artur nos aguardava ansioso. Afrânio deixou-a sob os seus cuidados, enquanto nos dirigimos ao quarto do casal. Décio mantinha-se vigilante, nos aproximamos, Renato e Elisete dormiam juntos aos respectivos corpos, sob a influência dele, que os havia magnetizado. O ambiente estava preparado. Obedecendo à solicitação de Afrânio, fui buscar Elza que, ao entrar no quarto, parou estanque temendo a presença de Elisete. Afrânio acalmou-a, conduzindo-a até Raul. Elza debruçou-se à beira da cama sussurrando-lhe algumas palavras, enquanto acariciava seus cabelos.

— Raul, sou eu, estou com muitas saudades. Você esqueceu de mim? Ouça-me, preciso muito de você. Não me procurou mais, então eu vim te ver! Sabe que te amo muito, quero que venha comigo, vamos?

À medida que Elza falava, Raul estremecia parecendo ouvir seus apelos. Os laços fluídicos afrouxaram-se, Elisete agitou-se ameaçando acordar. Fizemos uma pausa de alguns instantes e depois Elza voltou a interpelá-lo.

— Vamos, Raul, venha comigo, eu quero você ao meu lado.

Elisete novamente agitou-se, tentando se libertar do corpo físico. Então Afrânio suspendeu os trabalhos daquela noite, reconduzi Elza ao lar, atendendo à recomendação dele. Mais tarde, nos reunimos novamente na residência de Raul. Eu estava ansioso por ouvir as impressões de Afrânio sobre aquele primeiro encontro. Não foi preciso perguntar-lhe. Acomodados na sala, ele começou a falar:

— Aguardemos os acontecimentos durante o dia de amanhã, a fim de aquilatarmos os efeitos deste primeiro contato de Elza com o nosso irmão enfermo. Retornarei à Estância de Amor onde estudarei o caso sob as apreciações de Venâncio; vocês mantenham-se alertas a qualquer eventualidade que possa alterar nossos planos.

Depois que Afrânio partiu, Artur mostrou-se preocupado com o estado de saúde de Elisete, pois temia que isso viesse a comprometer todo o nosso trabalho. Esperamos o amanhecer. Décio e eu alcançamos a rua em direção à casa de Elza. Devíamos colher as impressões que ficaram gravadas na lembrança da jovem.

Quando chegamos, Elza tomava o café matinal e ao mesmo tempo conversava com sua mãe.

— Tive outro sonho com Raul esta noite, mas não consigo me lembrar direito. Pareceu-me que estava doente, eu chamava por ele, que não me dava atenção.

— Você precisa esquecê-lo, procure se distrair, arrume um namorado – aconselhou a mãe.

— Esquecê-lo será muito difícil. Embora as lembranças que ainda alimento não me façam sofrer, estão ainda muito vivas dentro de mim. É como se fosse um compromisso que deixamos para um outro dia, mas que ainda não terminou. É essa a sensação que eu tenho.

— Vê, Eduardo – disse Décio –, por que Afrânio concentra as suas esperanças em Elza? Provavelmente sua ligação com Raul deve atender a propósitos que ora desconhecemos, mas que no desenrolar dos acontecimentos virão à baila com certeza. Vamos retornar à residência de Renato, aguardando ali o retorno de Afrânio.

O dia naquele lar transcorria triste. Elisete se distanciava das obrigações domésticas, fechando-se em si mesma. Eliza também sofria a sua desatenção e acabou transferindo para Júlia seus reclamos de criança. Nem mesmo a alegria daquela criança superava a tristeza que se abatera sobre aquele lar, fruto da inconformação de Elisete. Prostrada no sofá, ela amargava suas lembranças de quando Raul ainda vivia naquele lar na condição de encarnado. Nós nos aproximamos procurando sondar-lhe o íntimo e fomos surpreendidos com pensamentos que alterariam os nossos planos. Elisete havia registrado os acontecimentos da noite anterior, pressentira que tentávamos afastar Raul, passou então a arquitetar o suicídio. Planejava ingerir uma superdose de calmantes. Preocupados, comunicamo-nos com a Estância de Amor, reclamando a presença urgente de Afrânio.

Enquanto aguardávamos a chegada dele, permanecemos vigilantes aos movimentos de Elisete. Décio, aproveitando-se das faculdades sensitivas de Júlia, induziu-a a aproximar-se de Elisete, procurando diálogo.

— A patroa sente-se bem? Precisa de alguma coisa?

— Não preciso de nada, vá cuidar da cozinha.

— Quer que eu prepare um chá?

— Já te falei que não quero nada.

Júlia desistiu, pois Elisete mostrava-se irritada. Foi nesse momento que Afrânio chegou, chamou-nos para o quarto que pertencera a Raul. Artur nos acompanhou. Relatamos com detalhes o que havíamos apurado no momento em que registramos os pensamentos de Elisete. Afrânio mostrou-se bastante preocupado. Olhou para nós, baixou a cabeça, permaneceu alguns instantes pensativo até que, por fim, esclareceu:

— A nossa tarefa não se resume apenas em dissolver os laços obsessivos que unem mãe e filho. Segundo as informações de Venâncio, os problemas que os envolvem no presente remontam quase dois séculos de sofrimentos. Há um propósito maior a ser alcançado cujas diretrizes foram delineadas antes de nossos irmãos assumirem a presente encarnação. Portanto, não podemos correr nenhum risco. Se afastarmos Raul do mundo íntimo de Elisete, dificilmente teremos recursos para evitar o suicídio com que nos ameaça. Tentaremos destruir esse mundo de vibrações doentias onde os nossos irmãos se refugiam. Esqueceremos temporariamente os préstimos da jovem Elza, vamos concentrar nossos esforços em Elisete.

CAPÍTULO 05

A MENINA ELIZA

— Para atingirmos o objetivo que pretendo, precisamos contar com os seus préstimos, querido irmão Artur.

— Meus préstimos? – perguntou Artur admirado.

— Sim, querido irmão, vou pedir-lhe algo que me desagrada muito, mas torna-se imprescindível.

— Do que se trata? – perguntou Artur um tanto preocupado.

— Sei dos laços que unem você à menina Eliza, mas é preciso que se altere seu estado de saúde. Precisamos que seja acometida de convulsões periódicas seguidas de um estado febril. Artur levantou-se cabisbaixo, dirigindo-se para o quarto de Eliza. Eu o acompanhei. Debruçou-se sobre ela que já dormia, beijando-lhe a fronte, permanecendo ao seu lado até o amanhecer. Afrânio passou-nos suas recomendações:

— Vocês deverão concentrar seus esforços, colaborando para que alcancemos em Elisete um estado emocional bastante voltado para a filha, que em breve deverá apresentar os primeiros sintomas de enfermidade. Usem, se necessário for, os recursos sensitivos de Júlia que poderá ser de muita valia aos nossos propósitos. Décio deverá colaborar para que Renato, nesses próximos dias, se veja absorvido pelo trabalho na empresa a que se vincula.

Depois de mais algumas observações, Afrânio retornou à nossa colônia. Passaram-se dois dias. Elisete, a cada hora mostrava-se mais tensa; a ideia de suicídio tomava corpo em sua mente, até que naquela manhã, após Renato sair para o trabalho, começaram os primeiros efeitos das providências tomadas por Afrânio. Júlia, percebendo que Eliza não saíra do quarto como sempre fazia logo após a saída de Renato, foi ter com ela que dormia profundamente. Tocando-a, percebeu a temperatura elevada, correu ao aposento de Elisete, despertando-a.

— Patroa, a Eliza está com muita febre!

— Como você sabe?

— Eu a toquei. Ela está com o rosto avermelhado e bastante quente.

— Eu vou me levantar. Isso não é nada; a menina sempre foi corada.

Júlia retornou ao lado da menina, acordando-a.

— Você está bem? – perguntou-lhe.

— Estou cansada; dói a cabeça.

— Fique calma, a mamãe já vem.

Naquele momento, Elisete entrou no quarto.

— Vamos ver se a menina está com manha para não ir à escola.

Mas o termômetro logo acusou a febre alta.

— Júlia, ligue para o Renato. Ele precisa levá-la ao médico.

Décio aproximou-se de Júlia, imprimindo-lhe uma sugestão.

— Por que a senhora não a leva? O Sr. Renato vai demorar muito a chegar até aqui.

— Nada disso, eu não tenho condições, sinto-me fraca, ligue para o Renato – insistiu Elisete, contrariada.

Júlia foi para a sala na direção do telefone, acompanhada por Décio que procurava senhorear-lhe os pensamentos. Pegou o telefone. Quando ia discar, deteve-se por alguns instantes e, influenciada por Décio, recolocou o telefone no gancho, retornando ao quarto de Eliza.

— O Sr. Renato não se encontra na firma; disseram que saiu a serviço e que só retorna à tarde.

— O que vamos fazer? – falou Elisete, demonstrando certa tensão.

— A patroa precisa levá-la ao médico. Vamos, eu acompanho a senhora.

— Calma, deixe eu raciocinar. Talvez seja apenas uma infecção na garganta; vou chamar o farmacêutico.

Então Décio atuou sobre a menina, que começou a chorar.

— Mamãe, estou com medo. A minha cabeça dói muito, estou tonta – disse Eliza, que parecia entrar em convulsão.

— Está vendo, patroa. Precisa levá-la ao médico!

Elisete prostou-se pensativa olhando a filhinha, e Artur aproveitou para envolvê-la nas mais puras vibrações de carinho, sensibilizando-a. De repente, a mãe levantou-se.

— Prepare-se, Júlia. Nós vamos levá-la ao dr. Mário.

Em poucos instantes, saíram em direção ao consultório do médico. No consultório, o dr. Mário examinou demoradamente Eliza e, não encontrando nada que justificasse um diagnóstico, requisitou vários exames. Enquanto eu acompanhava o atendimento da menina, Décio deslocara-se até a firma onde Renato trabalhava, a fim de influenciar na distribuição dos encargos, procurando sobrecarregá-lo de serviço naqueles dias. Depois de algumas horas, estávamos todos novamente na residência de Elisete. Ao chegar, após acomodar Eliza no leito, ela se dirigiu ao armário onde guardava os remédios. Quando se preparava para tomar os calmantes, Júlia, induzida por Artur, interferiu convencendo-a de que precisava manter-se lúcida devido à enfermidade da filha. Renato retornou pelo final da tarde, mostrou-se bastante preocupado com o estado de saúde de Eliza.

— Justo agora que me incumbiram de uma auditoria que não poderá sofrer interrupções. Você precisa se empenhar em cumprir todas as recomendações do dr. Mário. Providencie amanhã todos os exames que ele pediu – falou Renato em tom severo com a esposa.

Com isso criou-se o clima que desejávamos. Renato, absorvido pelo trabalho, obrigava Elisete, por força das circunstâncias, a várias incursões ao médico e aos laboratórios à cata de exames. Após vinte dias, ela estava totalmente absorvida pelo problema. O médico, ante as convulsões de Eliza e diante dos exames todos negativos, recomendou a internação da menina. Elisete desesperou-se, levou-a a outro médico que lhe pediu os mesmos exames, exigindo que fossem feitos em outro laboratório. Ela atendeu e foi mais uma semana de corre-corre sem resultados, pois os novos exames confirmavam os outros feitos anteriormente; todos negativos. Desta vez o médico recomendou um neurologista, o que acabou provocando em Elisete um choque, levando-a a um abatimento profundo. A essa altura dos acontecimentos, Raul já encontrava dificuldades para se manter em sintonia com ela, sentia-se quase desalojado das suas vibrações de saudades e apego.

Instalara-se nos pensamentos de Elisete um sentimento de culpa. Percebendo o abatimento da patroa, Júlia aproximou-se interpelando-a:

— Posso ajudar em alguma coisa? Quer que eu prepare um lanche? A senhora precisa se alimentar.

— Júlia, estou com muito medo. Os médicos estão escondendo alguma coisa de mim. Eliza continua com as convulsões, a febre foi dominada, por que ela continua sofrendo esses ataques?

— Vamos confiar em Deus! Ele sabe o que faz. Os médicos vão acabar descobrindo o que ela tem, e logo vai ficar boa.

— Deus não existe! Já não bastava perder Raul, agora vejo que estou perdendo minha filhinha.

— Deus existe, patroa! Reze para Ele nos ajudar.

— Gostaria de ter certeza de que Ele existe, mas não posso crer em um Deus que separa as pessoas que se amam, e faz sofrer uma inocente como a minha filhinha.

Elisete começou a chorar copiosamente.

— Não chore, vamos rezar juntas para que Deus nos inspire uma solução.

— Você acredita mesmo que Deus existe?

Júlia, inspirada por Artur, começou a falar:

— Deus existe e é um Pai generoso, que nos ama muito! Nós é que nos desesperamos por falta de confiança na Sua misericórdia.

— Se Ele existe, está me castigando, pois eu me revoltei com a morte de Raul. Agora Ele quer tirar-me também Eliza. Ajude-me, Júlia, eu sou culpada, eu a abandonei. Desde que Raul partiu, tenho vivido somente das suas lembranças. Abandonei Renato, o lar... Ajude-me pelo amor de Deus!

— Calma, patroa! Deus não vai tirar sua filhinha. Eu pouco posso ajudá-la, mas se a senhora permite, vou chamar dona Florinda; ela é tão boa e poderá ajudar.

— Então vá! Peça para ela vir até aqui.

Júlia saiu, retornando depois de algum tempo acompanhada de dona Florinda, uma senhora bastante simpática. Fazia-se acompanhar do Espírito de um médico que se aproximou, dizendo-se chamar Armando. Narramos a ele os acontecimentos, no que se prontificou a ajudar. Logo em seguida, entramos todos no quarto onde Elisete se encontrava.

— Obrigada, por ter vindo! Estou desesperada; faz quase um mês que Eliza adoeceu e os médicos não descobrem o mal que se abateu sobre ela. Estou com muito medo;

perdi Raulzinho e agora vejo que vou perder também a minha filhinha.

— Calma, você não vai perdê-la! Deus é Pai e vai ajudá-la; confie na misericórdia divina e você verá em pouco tempo Eliza brincando novamente pela casa.

— A senhora acredita mesmo que isso seja possível?

— Acredito! E você também deve acreditar. Vamos orar juntas para que Jesus nos ajude.

Dona Florinda começou uma prece profundamente inspirada pelo dr. Armando, estendendo suas mãos sobre Elisete. Esta acompanhou cada palavra, tomada pelo pranto. Naquele momento, Raul desprendeu-se dela, projetando-se para o quarto que lhe pertencera. Após ser beneficiada pelo passe, Elisete conduziu dona Florinda ao quarto de Eliza. Ali, acobertada pelo dr. Armando, atuou sobre a menina durante alguns minutos. Depois disso, reuniram-se na sala onde conversaram durante algum tempo. Dona Florinda, inspirada por Artur, acendia a fé no coração de Elisete, ainda sensibilizada pelos efeitos da prece e do passe. Despediu-se, prometendo retornar no dia seguinte.

Dr.Armando permaneceu ainda por algum tempo cuidando de Eliza. Elisete, reconfortada, acomodou-se ao lado da filhinha, olhando-a com ternura, acabando por adormecer ao seu lado. Afrânio retornou ao anoitecer. Informado dos acontecimentos, mostrou-se bastante otimista e, juntos, fomos ao quarto onde Raul se alojara. Ao entrarmos, tivemos uma surpresa: ele estava sentado num dos cantos do aposento, movimentando-se à semelhança de um pêndulo. Tentamos nos comunicar com ele, mas foi em vão. Décio brincou durante alguns minutos, tentando atrair sua atenção e não conseguiu. Observando atentamente Raul, Afrânio fez algumas considerações.

—Desalojado do mundo que o sustentava, recusa-se a assumir a realidade, imergindo no seu próprio mundo.

—O que o obrigou a retirar-se de junto da sua mãe? – perguntei.

—As forças que o sustentavam resumiam-se nas lembranças vivas que Elisete cultivava, as quais se enfraqueceram diante da intensa preocupação que a envolveu em torno de Eliza. No momento em que dona Florinda, portadora de um forte magnetismo, atuou sobre eles, os laços enfraquecidos que ainda o mantinham preso a ela se romperam por completo, deslocando-o quase que instantaneamente.

Depois de mais algumas considerações de Afrânio sobre o caso, fomos para a sala. Artur, mostrando-se apreensivo, perguntou-lhe:

—Creio que, diante dos acontecimentos desta tarde, Eliza esteja liberada desse processo, não é mesmo, Afrânio?

—Certamente que sim. Compreendo sua justa preocupação; não só está liberada, como temos pressa em vê-la totalmente recuperada. Apenas desejamos que a cura seja atribuída aos préstimos de dona Florinda, a fim de que seja instalada a fé de Elisete, cuja confiança em seu trabalho nos será potencial de recursos excelentes.

Artur mostrou-se satisfeito, reassumindo a alegria que durante aqueles dias havia sido empanada pela preocupação em torno da menina. Afrânio, depois de fazer algumas recomendações ao Décio, pedindo-lhe que permanecesse ao lado de Raul, chamou-me e nos dirigimos àquela praça que se tornara local de nossas meditações. Sob a paineira contemplei a noite clara denunciando a lua cheia; alguns namorados sentados nos bancos do jardim começavam a se retirar, pois passava das onze horas. Permanecemos em silêncio. Eu meditava sobre o problema de Raul, o drama daquele pai, daquela mãe. Onde estariam as origens de tanta amargura e sofrimento? Provavelmente Afrânio as conhecia, pois se conduzia com segurança, determinando providências e recursos. Em dado momento, rompi o silêncio, arriscando uma pergunta.

— Quais são as possibilidades de trazermos Raul novamente à razão?

— Considerando os recursos de que dispomos em nosso plano, são muitas as possibilidades. O pouco que conheci na Terra a respeito do Autismo, ao qual vim familiarizar-me somente aqui em nosso plano, sei que poucos são os sucessos alcançados entre os encarnados.

— Qual a razão desse insucesso?

— O Autismo é um estado de alma, é uma posição mental em que se coloca o Espírito encarnado ou desencarnado. Não se trata de uma deficiência orgânica; isso tem sido demonstrado nos testes e exames feitos pelos estudiosos do assunto. Não se iguala a um excepcional comum, cuja encarnação está sujeita às limitações de um cérebro lesado ou deficiente. Geralmente o Autista encarnado apresenta-se numa organização física que corresponde à normalidade dos reflexos e sentidos, apenas pela posição mental em que se encontra, rejeita usar tais recursos. O insucesso que experimentam os colegas encarnados deve-se à falta do conhecimento das causas que levam um Espírito a assumir tal atitude. Enquanto a mente acadêmica não se voltar seriamente às pesquisas no campo do Espírito eterno, a fim de remontar às causas legítimas que envolvem a mente humana em problemas diversos, incluindo-se o do Autismo, dificilmente encontrará soluções adequadas. Em nosso plano, porém, o quadro de soluções se altera profundamente, pois dispomos do conhecimento da causa. Basta reconstituir um clima emocional ao qual o paciente se identifica, oferecendo-lhe uma compensação à altura dos valores em que se viu lesado, para que se sinta novamente atraído ao mundo do qual se ausentou, mergulhando em si mesmo. Geralmente o Autista é um Espírito fraco de vontade, que se viu lesado nos sentimentos; julgando-se impotente para reaver ou reconquistar tais valores, retrai-se para dentro de si mesmo, abdicando da razão para sustentar-se do emotivo que, embora sem manifestações exteriores, continua ativo, guardando uma sensação de gozo ou sofrimento. Por isso mesmo, torna-se difícil alcançá-lo pelos caminhos da razão, somente por irtemédio do emocional poderemos auxiliá-lo, resgatando-o dessa situação.

— Quais os recursos emocionais que pretende usar no caso de Raul? – perguntei.

— Vamos recorrer novamente aos préstimos de Elza.

— Acredita que ela guarda consigo valores equitativos aos que Raul se viu despojado no momento que desencarnou e agora, quando se viu obrigado a deslocar-se das vibrações da mãe, em cujo amor doentio se refugiava?

— Raul, ao longo dos tempos, vem se dividindo entre o amor das duas, demonstrando uma carência afetiva insaciável. Elisete oferece-lhe o amor possessivo e dominador, no qual se compraz; Elza, o amor terno e passivo que lhe dá prazer, mas ao mesmo tempo gera um estado de insegurança que o atormenta.

— Por que a insegurança?

— O amor de Elza representa para ele responsabilidades que jamais cogitou em assumir, levando-o a refugiar-se em Elisete, um Espírito forte e dominador, ao qual se habituou a depender e confiar cegamente.

— Então é um Espírito fraco e omisso?

— Exatamente. Por isso mesmo assumiu a postura com que se nos apresenta, omitindo-se do mundo exterior, pois o único mundo que lhe oferecia segurança foi destruído, quando Elisete se desligou dele, atraída por uma preocupação maior do que a sua ausência.

CAPÍTULO 06

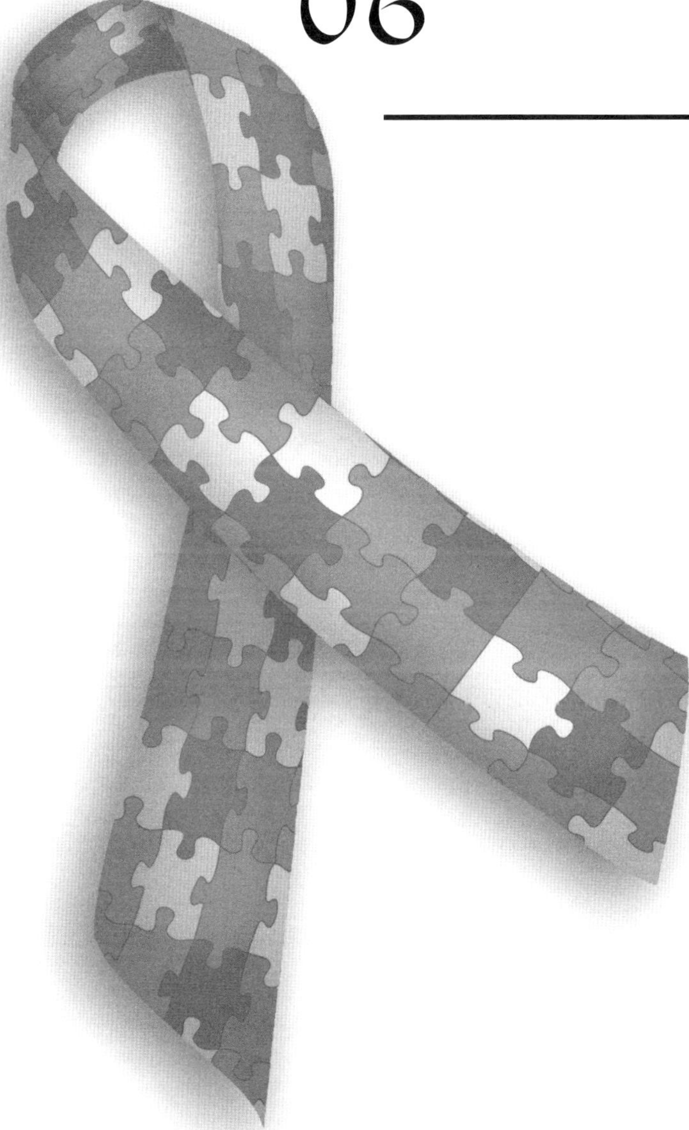

PASSADO E PRESENTE

— Quando pretende trazer Elza à sua presença? – perguntei.

— Provavelmente amanhã, por isso, a partir do amanhecer que se aproxima, você deverá empenhar-se em acompanhá-la, preparando-a para uma nova investida.

Após essa recomendação, despedimo-nos e eu aproveitei o resto da madrugada para visitar meus familiares encarnados. Abracei os entes queridos do coração, atenuando a saudade que experimentava periodicamente. Naquele dia, permaneci ao lado de Elza o tempo todo. Por volta das dezoito horas, quando se preparava para deixar o escritório, chegou um jovem procurando pelo seu chefe; ela o encaminhou até a mesa dele, retornando à sua escrivaninha. Guardava seus utensílios, quando os dois se aproximaram dela.

— Elza, este é Sérgio, filho do nosso gerente de vendas. Ele precisa de um requerimento; você não se importa em prepará-lo?

— Tudo bem! – respondeu, sentando-se novamente.

O jovem acomodou-se sentado à sua frente e começou a ditar o tal documento. Observando os dois, notei que a presença do jovem alterava o psíquico de Elza, sua aura acentuou-se numa fulguração alaranjada com nuances avermelhadas. Ele a deixava perturbada, errou várias vezes na preparação do requerimento. Eram dezoito e quarenta quando terminou. Ele, muito gentil, agradeceu dizendo:

— Muito obrigado! Sinto tê-la retardado até agora e o máximo que posso fazer é me oferecer para levá-la para casa.

— Não é necessário; eu moro perto daqui.

— Eu insisto! Se você me permitir, será um prazer.

— Você é quem sabe – concordou.

Então saíram. Eu os acompanhei acomodando-me no banco traseiro do carro. No caminho, os dois se corresponderam na troca de galanteios. Aconteceu o que chamamos de amor à primeira vista. Quando pararam o carro na porta da casa de Elza, compreendi que a única atitude que me cabia era descer, pois dali para frente continuaria aquele "blablablá" que todos conhecemos. Retornei à casa de Elisete onde, juntamente com Décio e Artur, aguardamos a chegada de Afrânio. O ambiente naquele lar sofrera sensível transformação. Eliza estava quase recuperada, gozando do carinho da mãe que lhe faltara durante mais de um ano e meio. Salvo a condição de Raul, poderíamos afirmar que tudo havia voltado à normalidade. Estávamos fazendo uma súplica por meio da prece, pedindo em favor de todos os envolvidos naquele drama, quando Afrânio chegou. Inteirado dos acontecimentos ocorridos durante o dia naquele lar, pus-me a narrar o acontecido com Elza. Após contar-lhe em detalhes, perguntei-lhe:

— Esse envolvimento dela com Sérgio não vai prejudicar nossos planos?

— Muito pelo contrário. Cumpre-se em Sérgio parte importante de um plano que no desenrolar dos acontecimentos vocês compreenderão. Devemos entender que, além das nossas atividades em favor dos nossos irmãos, a providência divina está agindo constantemente em favor deles e de todos, para que se cumpram os desígnios de Deus. Em momento nenhum das nossas vidas estamos entregues ao acaso. Se analisarmos todas as circunstâncias que nos envolvem durante cada dia das nossas vidas, mesmo as mais desagradáveis, saberemos reconhecer a mão generosa de Deus agindo em nosso favor.

Afrânio, quando falava, transmitia-nos muita segurança. suas convicções estavam amparadas pela dedicação e pela fé que possuía. As horas avançavam quando me recomendou que fosse buscar Elza.

Ao chegar à residência da moça, irmã Clara me recebeu, conduzindo-me ao seu quarto. Ela dormia ao lado do corpo. No momento em que me aproximei, despertou, mas não me reconheceu. Irmã Clara imediatamente esclareceu sobre a minha presença e em poucos segundos estávamos descontraídos. Conquistada a sua confiança, nos deslocamos em direção a Raul. Afrânio nos aguardava na sala; aproximou-se dela, abraçando-a carinhosamente.

— Deus te recompensará pela boa vontade em nos ajudar junto a esta família que neste momento precisa mais do que nunca de mãos amigas que se estendam oferecendo auxílio e compreensão. Raul, afastado agora da influência da mãe, experimenta profunda sensação de insegurança. Imprevidentemente projetou-se dentro de si mesmo, rejeitando o mundo exterior, construindo o seu próprio mundo. Tirá-lo agora desse mundo torna-se tarefa quase impossível. No entanto, poderemos oferecer-lhe um outro que lhe devolva a segurança que perdeu. Você poderá ser esse mundo. Pedimos que o envolva em vibrações de carinho para que, por meio do seu amor, possamos resgatá-lo.

Elza não titubeou em aceitar; parecia ansiosa para revê-lo. Entramos no quarto. Amparada por Afrânio, aproximou-se sentando-se ao seu lado, ali permanecendo até quase o amanhecer, acariciando-o e envolvendo-o em suas vibrações amorosas. Aquela cena repetiu-se durante vinte e três noites seguidas. Elza deslocava-se para ali espontaneamente sempre no mesmo horário. Foi na noite seguinte em que se completava a vigésima quarta investida de Elza que Afrânio registrou intensa atividade mental em Raul. Envolvido naquele clima ameno que Elza lhe proporcionava, buscava por intermédio do pensamento recordações que marcaram forte o seu relacionamento com ela, acabando por avançar em um passado distante. Afrânio, colocando a mão sobre ele, estimulou tais lembranças, as quais passou a registrar. A cena em que se detinha Raul era nítida em sua mente. Um jovem, acompanhado de uma moça, viajava sobre um veículo semelhante a uma carruagem, puxado por dois animais em disparada; pelo lado de fora, um outro jovem, agarrado ao veículo, tentava embarcar. Em determinado momento, o jovem embarcado, armado de um pedaço de pau, desferiu um violento golpe na cabeça do rapaz, que caiu sob as rodas do veículo, morrendo instantaneamente. No momento em que essas recordações se tornavam mais fortes em sua mente, Raul agarrou a mão de Elza, segurando-a com força. Foi a primeira reação que registramos no comportamento dele durante todas aquelas noites. Elza retornou ao corpo e nós ficamos ali por algum tempo, avaliando os acontecimentos. Quando Afrânio nos narrou as lembranças que havia registrado, pudemos compreender que se tratava de Raul e Elza em um pretérito distante, cujo crime praticado por ele justificava a morte por acidente a que se submeteu nesta encarnação. Afrânio ainda nos esclareceu:

— O rapaz vitimado por Raul na cena que registramos é Sérgio, o jovem que vai desposar Elza.

Após esta revelação, Afrânio não nos deu espaço para perguntas; despediu-se retornando para a Estância de Amor. Eu e Décio permanecemos cumprindo nossa vigilância naquele lar. Muitas noites se seguiram; nossos esforços pareciam perder-se no tempo. Completávamos o terceiro mês de nossas atividades em torno daquela família. Raul mostrava-se inacessível aos apelos de Elza, que demonstrava, a cada encontro, maior dedicação e carinho. Até que, em uma das noites que se seguiram, Afrânio percebeu uma certa agitação em Raul; mostrava-se nervoso, acelerando a sua movimentação como pêndulo. Elza chegara naquele momento. Com a sua presença, pareceu acalmar-se. Pegou em sua mão segurando-a com firmeza; então ela começou a cantar uma canção que marcara um momento de muita emoção quando namoravam. Raul não resistiu; aos poucos voltou-se para ela, olhou bem fundo nos seus olhos que naquele momento brilhavam de emoção, abraçou-a e começou a chorar. Elza afagou-o carinhosamente, envolvendo-o em seus braços e ali ficaram durante horas sob o nosso olhar de contentamento. Afrânio os envolveu em suas vibrações e os conduziu para a casa de Elza. Ela se acomodou no corpo físico adormecendo profundamente. Raul, imantado a ela, deitou-se ao seu lado, no que Afrânio aproveitou para magnetizá-lo, aplicando-lhe a sonoterapia. Após entregá-los à vigilância de irmã Clara, retornamos ao lar de Renato. Artur nos aguardava ansioso; não conseguia conter a alegria e, num momento de muita emoção, elevou uma prece a Deus, agradecendo o nosso esforço. Afrânio, abraçando-o, afirmou:

— Artur, dedicado amigo. Nada nos deve, senão a Jesus que nos tem sustentado ao longo do nosso trabalho e que, com certeza, continuará nos amparando, até que alcancemos a normalidade desejada, tão necessária aos nossos irmãos envolvidos nesse drama.

Naquele clima de fraternidade, percebi que a sensação de cansaço, que eu experimentara momentos antes, desaparecera. Afrânio e Décio retornaram para nossa colônia e eu fiquei com Artur para observar os acontecimentos daquele dia que já começava a clarear. Júlia, como sempre, foi a primeira a levantar-se. Preparava o café da manhã, quando Renato e Elisete surgiram na cozinha, comentando com alegria o restabelecimento da saúde de Eliza. Sentaram-se à mesa, Júlia abriu o diálogo.

— Graças a Deus, tudo parece ter voltado ao normal nesta casa. Eliza está forte e brincando novamente.

— Devemos agradecer a Deus e à dona Florinda, que foi tão amiga, cuidando todo esse tempo de Eliza – falou Elisete.

— Sabe, patroa, existem certos males que vêm para curar outros maiores – falou Júlia, inspirada por Artur.

— Concordo com você – afirmou Renato.

Nisso entrou Eliza, procurando o colo de Elisete.

— Como está a minha filhinha?

— Estou bem, mamãe! Tenho fome, quero café.

Renato sorriu, deixando transparecer sua felicidade. Sentiu naquele momento que a esposa querida estava de volta à realidade. Foram quase dois anos de angústias e sofrimentos. Levantou-se, abraçou a esposa e a filhinha, beijando-as carinhosamente, e se despediu indo para o trabalho. Elisete, conduzida à fé pela dedicação de dona Florinda, abandonou os calmantes, o que lhe restituiu a beleza física que lhe era própria. Renato, inspirado por Artur, convenceu-a de que a casa precisava de uma nova pintura e que o quarto que pertencera a Raul teria que se transformar em seu escritório, pois estava sobrecarregado de serviço e pretendia trabalhar à noite. Nosso trabalho naquele lar parecia findo. Quando Afrânio e Décio retornaram, à noite, despedimo-nos de Artur que ficou nos acenando emocionado. Fizemos uma parada sob aquela paineira na praça próxima dali. Afrânio sentia-se feliz com os resultados alcançados até aquele momento.

— Quanto tempo ainda deverá permanecer nosso irmão submetido à sonoterapia? – perguntou Décio.

— Em breve, o despertaremos; preocupa-me a sua reação. Não se sabe qual será, ao retornar à consciência. Esperamos que associe, em primeiro plano no campo emotivo, a figura de Elza; caso contrário, prevalecendo a atração pela mãe, teremos sérios problemas. Por medida de segurança, vamos conduzi-lo a um núcleo de colaboradores encarnados, cuja reunião se realizará amanhã, como acontece todas as semanas. Já entrei em contato com Felipe, o coordenador das tarefas que se desenvolvem naquela instituição; estará nos esperando com os recursos necessários. Décio, você deverá providenciar para que Elza esteja recolhida no leito às vinte e uma horas. Use os recursos de que dispõe no campo do magnetismo, acometendo-a de sonolência acentuada desde o final da tarde, pois poderemos necessitar da sua presença em determinado momento. Os irmãos socorristas que servem naquele reduto de trabalho irão buscá-lo por volta das vinte e uma horas, quando deveremos estar presentes ali para acompanhá-los.

Depois destas orientações, eu e Décio nos descontraímos, brincando com as folhas caídas da paineira, chutando-as como se fossem bolas; lembrei-me quando jogava futebol de salão e meu pai era o meu maior torcedor. Em determinado momento, fomos surpreendidos por uma turma de jovens desencarnados que, de pronto, entraram na nossa brincadeira; eram quase todos nossos conhecidos, muitas vezes fomos juntos a Uberaba recepcionar nossos familiares. Estávamos todos envolvidos pela euforia própria a acontecimentos como aquele, quando fomos advertidos por Afrânio de que poderíamos desequilibrar nosso padrão vibratório e que, estando na crosta, corríamos o risco de atrair Espíritos inclinados à desordem, o que nos causaria problemas indesejáveis. Após atendermos à advertência de Afrânio, sentamo-nos, conversando durante horas. Carlos, um dos jovens ali presentes, informou-nos que vieram participar de uma reunião ocorrida naquela noite em uma instituição próxima dali. Comentamos sobre a dificuldade que enfrentamos até conseguirmos pacificar os corações maternos que deixamos pulsando na Terra. Muitos daqueles jovens estavam ainda empenhados em consolar os entes queridos que se mostravam ainda arredios aos apelos da consciência com relação à vida eterna. Indagado quanto ao problema, Afrânio se prontificou a opinar, emprestando seus conhecimentos.

— Tenho aprendido em minhas experiências, no que se refere ao estudo da mente, que o consolo excessivo se assemelha à lenha que sustenta o fogo que a consome; quanto mais lenha, mais fogo. Para muitas mães, as vossas mensagens representaram, além do consolo que ofereceram, um vigoroso estímulo à fé, conduzindo-as ao encontro de um conhecimento maior. Entretanto, para muitas serviram apenas para evitar um mal maior nos momentos mais angustiantes, tornando-se posteriormente fortes vínculos, os quais tentam manter desesperadamente, reclamando dos filhos uma constante comunicação. Esquecem-se de que os filhos, ora desvinculados dos processos da vida na matéria, foram chamados a outro plano de responsabilidades, nas quais raramente se incluem contatos permanentes com os círculos familiares, aos quais já não se submetem, embora cultivem os laços de amor que os caracterizaram. Muitas dessas mãezinhas queridas, mantendo o campo emotivo em desequilíbrio, às vezes sob o disfarce da compreensão, peregrinam pelos Centros Espíritas à cata de mensagens. Alguns médiuns, envolvidos pelo emocional que as acompanha, assimilam seus anseios e, em meio ao psiquismo predominante no momento, geram mensagens de um suposto consolo, contribuindo imprevidentemente para alimentar tal obsessão. Muitos dos jovens desencarnados, conscientes dessa realidade, ausentaram-se das comunicações, empregando seus esforços em conduzi-las aos núcleos de estudos e de trabalho, procurando integrá-las às atividades assistenciais. Só o conhecimento exerce o verdadeiro consolo às dores da alma. Os demais artífices são paliativos, sustentando o sofrimento enquanto predomina a ignorância da causa. Conhecendo-se a causa, torna-se compreensível o motivo, atenuando-se os efeitos, os quais se tornam suportáveis. Imaginemos se fôssemos desconhecedores das ciências médicas e dos recursos cirúrgicos, e em determinado momento surpreendêssemos um filho querido submetendo-se a uma cirurgia, com as vísceras expostas. Provavelmente entraríamos em pânico, tentando arrancá-lo das mãos que o beneficiam naquele momento, garantindo-lhe a vida. Jesus, conhecedor profundo das carências humanas, quando se referiu ao Espírito de Verdade, sabiamente o cognominou de O Consolador Prometido; hoje o reconhecemos manifesto na Doutrina Espírita, exercendo a consolação perene por meio do conhecimento que transmite à humanidade.

Arrebatados pela orientação de Afrânio, nem nos apercebemos que o amanhecer nos surpreendia. Despedimo-nos rapidamente. Eu e Décio, juntos com Afrânio, retornamos à Estância de Amor, deixando aqueles jovens nos acenando. Décio e eu cumprimos nossas obrigações em nossa colônia, visitando os companheiros que ainda não se locomoviam, levando a eles o bom ânimo. Aguardávamos ansiosos a chegada da noite, quando deveríamos nos reunir novamente com Afrânio, a fim de conduzirmos Raul ao grupo de encarnados que iria colaborar conosco para despertá-lo. Décio retornara à Estância conosco, porque a irmã Clara se prontificara em cuidar para que Elza estivesse recolhida ao leito no horário previsto.

Eram exatamente vinte horas e quarenta minutos quando chegamos à residência de Elza. Ambos dormiam profundamente, quando chegaram os socorristas. Após a troca de cumprimentos, acomodaram Raul em uma maca e todos partimos em direção ao local onde se efetuaria o socorro. Elza, ainda sob a influência da irmã Clara, ficou dormindo junto ao corpo físico.

Chegamos...

Era uma pequena sala contígua a um salão. Sentados à volta da mesa, dois homens e seis senhoras. Em pé, um senhor conduzia os trabalhos, prestando-se à tarefa de esclarecimento. Augusto era seu nome. Em nosso plano, vários companheiros se desdobravam em auxílio a alguns irmãos que se mostravam enfermos e a outros aparen, partiu em busca de Elza.

— A sua mãe está bem. Logo você a verá.

— Eu quero minha mãe. Soltem-me! Eu preciso ir ao encontro da minha mãe! Por que vocês estão me segurando? Soltem-me.

Naquele momento, achava-se realmente preso pelos laços fluídicos que o envolviam, atendendo às providências que Afrânio havia tomado. Continuou agitando-se, querendo libertar-se.

— Eu preciso voltar para casa. Soltem--me, por favor! Soltem-me!

— Meu irmão, você está entre amigos que querem ajudá-lo! Procure se controlar. Veja, tem alguém aqui que o ama muito e quer conversar com você.

Elza já estava presente. Aproximou-se dele.

— Sou eu, Elza. Está tudo bem! Essas pessoas são nossas amigas e querem nos ajudar. Ouça os seus conselhos; vão lhe fazer bem.

— Eu preciso de ajuda... Estou confuso... Abrace-me, por favor!

Elza envolveu-o em seus braços e, amparada por Afrânio, ajudou-o a desembaraçar-se da médium, entregando-o aos nossos cuidados.

Ajudados pelos irmãos socorristas, retornamos à Estância de Amor, conduzindo Raul que chorava muito. Elza retornou ao corpo, conduzida por Felipe que a entregou à irmã Clara. Já em nossa colônia, acomodamos Raul em uma cama no pavilhão de enfermaria, ficando com ele até quase o amanhecer. Depois de tanto tempo sob a forte obsessão em que se encontrava, mostrava-se bastante abatido, suas feições assemelhavam-se às de um náufrago após muitos dias perdido no mar, seus olhos avermelhados e sem brilho nos lembravam os alcoólatras vencidos pela bebida. Acomodado no leito, conversamos:

— Como você está? – perguntei.

— Sinto muito frio.

— Essa sensação vai passar; procure relaxar.

— Por que Elza não nos acompanhou?

— Estava tarde e ela precisava recolher--se.

— E minha mãe, por que não está aqui?

— Ela virá; procure descansar.

— O que aconteceu comigo?

— Você sofreu um acidente, e esteve desacordado um bom tempo.

— Estou meio tonto e sua voz parece distante. O que é aqui? Um hospital?

— É mais que um hospital. É como se fosse a nossa casa.

— Sinto-me como se tivesse acordado de um sonho; as lembranças fogem-me; não consigo concatenar os pensamentos.

— Aos poucos você vai se recuperar, então lembrará de tudo. Agora, procure dormir.

Conversamos um pouco mais, até que ele adormeceu. Afrânio nos convidou para irmos ao edifício dedicado às orações em nossa colônia. Ali oramos juntos, agradecemos a Deus pela força que nos deu e por todos os recursos que a sua misericórdia nos dispensou enquanto trabalhávamos na crosta. Estávamos felizes. Raul, amparado, descansava do sofrimento, Elisete e Renato desfrutavam da paz que esteve ausente tanto tempo, Elza preparava-se para o seu casamento com Sérgio que aconteceria nos próximos dias, tudo caminhava para a normalidade que desejávamos.

Passaram-se duas semanas. Raul, sob a assistência dos benfeitores de nossa colônia, recuperava-se rapidamente. Não se recordava de nada do que tinha acontecido; ainda dominado por um certo torpor, mostrava-se ansioso por saber de tudo. Seu bisavô constantemente o visitava, porém Raul não o reconhecia, pois o único contato que manteve com ele fora no dia do acidente e nos dias que lhe seguiram naquele hospital onde houvera sido recolhido. Afrânio, eu e Décio, como fazíamos todos os dias, fomos visitá-lo naquela tarde.

— Como você está? – perguntou Afrânio.

— Eu me sinto estranho, tenho a impressão de que há anos estou distante de casa, mas às vezes me parece tê-la deixado a instantes. A lembrança de casa, quando se aviva em minha mente, principalmente quando lembro de minha mãe, é como se eu fosse cair de uma altura imensa.

— Você não se recorda de mim? – perguntou Elpídio, seu bisavô.

— Lembro-me vagamente.

— Fui eu quem te socorreu no dia do acidente. Nesse momento, Afrânio vibrou intensamente sobre ele, estimulando-lhe as lembranças.

— Eu morri... Eu morri! Vocês me enganaram. Eu morri... Preciso ver minha mãe.

— Calma! Sua mãe está bem. Já se passaram quase dois anos do dia do acidente.

— Agora eu me lembro. Você é meu bisavô.

— Sim, meu filho! Tenha bastante calma. Estamos todos vivos com a graça de Deus. A morte não existe! O importante agora é nos adaptarmos a esta nova condição de vida. Como vê, somos eternos.

Elpídio envolveu-o num abraço e continuou conversando com ele, enquanto nos retiramos. Transcorridos quase três meses da chegada de Raul em nossa colônia, ele já se apresentava bastante seguro de si. Transitava pelos pavilhões relacionando-se com outros jovens, ouvindo de cada um deles narrativas as mais interessantes; muitos assemelhavam-se a ele nos problemas que haviam sofrido o que, para ele, constituía-se em relativo consolo. Todas as vezes que encontrava Afrânio, insistia, pedindo-lhe autorização para retornar à crosta para ver Elza e sua mãe. Até que um dia Afrânio se prontificou a conduzi-lo. Numa certa noite, fomos reunidos para essa finalidade. Raul se mostrava eufórico, mal se continha na alegria que o dominava. Partimos, fomos primeiro ao encontro de sua mãe. Artur nos recebeu. Raul, informado sobre ele e de sua missão de guardião da família, abraçou-o demoradamente. Entramos no quarto de seus pais, ele se aproximou deles carinhosamente, beijando-os no rosto. Elisete desdobrou-se do corpo, correspondendo ao carinho do filho. Estava tudo sob controle; ela se mantinha serena, demonstrando equilíbrio nas suas emoções. Passou pelo quarto de Eliza dedicando-lhe um carinho, e dali partimos ao encontro de Elza. No caminho, Afrânio falou-lhe do seu casamento com Sérgio. Ao receber a notícia, tivemos que nos deter por alguns instantes, Raul chocou-se e negava-se a continuar indo ao encontro da jovem.

— Você deve prosseguir; torna-se importante familiarizar-se com a realidade que não pode transformar – falou-lhe Afrânio.

— Eu não podia ter morrido! Fiz tantos planos e agora? O que faço?

— Você saberá o que fazer, breve você vai compreender. O importante agora é controlar-se para que não perca o equilíbrio das emoções.

Convencido por Afrânio, resolveu prosseguir. Após o casamento, Elza mudara-se para um apartamento em um edifício próximo ao bairro onde morava. Entramos. Raul adiantou-se. O jovem casal dormia em um quarto contíguo à sala. Elza estava fora do corpo físico. Ao vê-lo, assustou-se, tentou afastar-se, mas Raul a envolveu num abraço e os dois permaneceram por alguns instantes envolvidos carinhosamente. Afrânio fez-lhe um sinal; ele atendeu e nós saímos. No caminho, em retorno à nossa colônia, Raul manteve-se calado o tempo todo. Chegando lá nos agradeceu, recolhendo-se ao dormitório, sem nos dirigir qualquer outra palavra.

No dia seguinte, fomos vê-lo como sempre fazíamos. Estava sentado na cama olhando para o chão. Décio brincou:

— O que é? Está contando os dedos do pé?

— Estava pensando sobre ontem à noite. É uma "barra" aguentar tudo isso.

— Você vai "tirar de letra"! Não esquenta, não! Logo você se acostuma; a vida aqui é melhor do que lá em "baixo" – falou Décio, acompanhando a gíria que Raul não conseguia evitar.

— Mas eu preferia estar lá.

— Isso não é bom, "cara". Temos que aceitar a vida conforme ela "pinta" pra gente.

— Eu estava numa "boa". Minha mãe era "legal"; de repente "tô" aqui noutra bem diferente, deixando lá minha "gata" nos braços de outro, sem poder fazer nada. Não é fácil.

— Quem sabe você está destinado a voltar mais rápido do que imagina.

— Mas como?

— Reencarnando novamente.

— Até que seria uma "boa".

— Mas o importante agora é "maneirar", procure se descontrair, visitando os "camaradinhas" dos outros pavilhões até que Venâncio o ocupe em alguma coisa.

— Tá "legal", vou "maneirar".

Nisso chegaram vários jovens que souberam da incursão dele na crosta e começaram a interrogá-lo sobre a experiência por que passara diante dos entes queridos. Nós nos retiramos. À tarde, estávamos recolhidos ao nosso dormitório coletivo, quando Afrânio apareceu para nos visitar. Aproveitamos aquela oportunidade perguntando-lhe qual era sua opinião sobre as condições com que Raul se apresentava. No que nos atendeu, solícito:

— Raul, apesar das aparências, guarda dentro de si muita insegurança. Precisamos cercá-lo de nossas atenções, pois a qualquer momento pode nos surpreender com alguma atitude inesperada.

— Depois de tudo o que passou, arriscaria ainda agir de modo incoerente com a realidade? – perguntou Décio.

— Não se sabe. Raul é um Espírito ainda muito fraco, e essa fraqueza o tem comprometido ante as decisões mais importantes, optando sempre pela omissão nos momentos mais graves da sua vida, contraindo dívidas morais no curso de suas encarnações. Elza tem sido vítima das suas omissões. Influenciado pelo Espírito da mãe, a tem feito experimentar a solidão e o abandono, mas a jovem, nessa trilha de sofrimentos, adquiriu bastante compreensão. Antes de reencarnar, ela se comprometeu a ajudá-lo, e seu amor por ele cresce a cada nova experiência na Terra.

— Como ela poderá ajudá-lo mais do que já ajudou até aqui?

— Elza e Sérgio preparam-se para recebê-lo como filho querido. Raul, como tal, gozará da influência dela desde pequenino, e com certeza aprenderá com ela a ser forte e responsável.

— E Elisete?

— A nossa irmã, atendendo às necessidades do seu Espírito comprometido com as leis de causa e efeito, experimentará a solidão e o abandono; Renato em breve retorna ao nosso plano. Eliza, quando atingir a juventude, deixará o lar, partindo para um país distante, acompanhando o futuro marido.

— Raul aceitará submeter-se à condição de filho de Elza?

— É a única perspectiva para ele. Caso rejeite, o ministério das reencarnações provavelmente promoverá a reencarnação compulsória. Esperemos que isso não venha a acontecer, vamos nos dedicar a convencê-lo das vantagens que isso representa.

— Hoje, Décio insinuou a possibilidade do seu retorno à Terra e ele pareceu gostar da ideia.

— Não se iluda, Eduardo. Temos visto muitos Espíritos decididos recuarem no momento de renascer, causando muitos transtornos aos benfeitores que se dedicam à tarefa de auxiliá-los nos processos da reencarnação.

— Então não está confiante de que ele venha a aceitar?

— Apenas guardo algumas reservas, devido às experiências que tenho vivido, onde a mente humana tem me surpreendido a cada momento com reações inesperadas. Aguardemos os próximos dias, e peçamos a Deus que nos ajude, para que colaboremos com a sua vontade, que visa a felicidade de todos nós.

Afrânio despediu-se, deixando-nos para o descanso daquela noite. Passados alguns dias do nosso diálogo com Afrânio, caminhávamos eu e Décio pelo parque que circunda nossa colônia, quando encontramos Raul sentado sob uma das árvores. Décio, sempre com bom humor, abordou-o, falando na gíria.

— Como é, "cara", "tá numa boa"?

— "Tô" amargando aqui com as minhas dores.

— Qual é, "cara"! Onde está doendo?

— Aqui, bem no coração.

Falou batendo no peito.

— Isso é mau; qual é o "grilo"?

— Saudades, saudades...

— De quem?

— De todos e de tudo; da vida lá em baixo, da "gata" principalmente. Preciso falar urgente com Afrânio. Estou com vontade de voltar à crosta para ver o pessoal novamente. Não estou aguentando a saudade.

— Afrânio irá encontrá-lo esta noite, Eu acho que ele tem novidades para você.

— Espero que sejam boas.

— Provavelmente serão, pois tudo o que é feito nesta colônia é para o nosso bem.

Conversamos ainda por algum tempo e pudemos perceber o descontentamento que apresentava ante a situação em que se encontrava. Percorremos a colônia, visitando quase todos os pavilhões. Depois nos recolhemos ao nosso dormitório, onde Afrânio nos aguardava.

— Como está Raul? – perguntou-nos.

— Bastante contrariado – respondi.

— Eu previa tal comportamento; essa atitude talvez venha a contribuir para que tudo se encaminhe em direção aos objetivos a serem alcançados. O seu retorno à crosta na condição de desencarnado se lhe afigura como um paraíso sem responsabilidades.

— Quando pretende comunicar-lhe a sua reencarnação?

— Pretendia esta noite. Mas, antes, vou conversar com Venâncio.

— Podemos ajudar em algo?

— Sim. Procurem distraí-lo; conversem o mais que puderem. Logo mais irei encontrá-los no pavilhão da enfermaria.

O sol, naquele momento, tingia a lua de vermelho, formando maravilhoso crepúsculo. Dirigimo-nos ao pavilhão onde se encontrava Raul e lá ficamos conversando com ele. Raul mostrava-se arredio às nossas interpelações; parecia ocultar-nos algo que guardava dentro de si. Afrânio tinha razão, ele pretendia alguma coisa que não queria que soubéssemos. Percebia-se pelas perguntas que nos fazia.

— Vocês já foram sozinhos à crosta?

— Sim, algumas vezes. Por quê?

— Vou poder ir algum dia?

— Sim. Desde que demonstre estar plenamente equilibrado para isso.

— Que tipo de equilíbrio?

— Das emoções, principalmente.

— Caso contrário, ficarei preso aqui eternamente?

— Não. Você é livre, só que não é aconselhável tal investida sem que esteja preparado para isso.

— Se eu quiser ir embora agora, o que pode me acontecer?

— Ninguém vai impedi-lo. Só que você vai se comprometer gravemente com as leis que ora o beneficiam, perdendo valiosas oportunidades de libertação legítima.

— Sabe, sinto-me fortemente atraído por Elza, e isso está crescendo dentro de mim e a cada dia torna-se irresistível, sinto que preciso estar perto dela.

Nesse instante, Afrânio chegou e ouviu esse desabafo de Raul.

— Como está, meu querido irmão? - perguntou Afrânio, acomodando-se entre nós.

— Estou bem – respondeu timidamente.

— Como é, gostaria de uma nova incursão na crosta?

— É o que mais desejo neste momento.

— Vou preparar para os próximos dias. Procure participar das atividades em nossa colônia, para que não fique muito ansioso aguardando o momento de nossa jornada. Assim que nos for permitido, viremos buscá-lo.

Afrânio fez um sinal e nos despedimos, saindo com ele em direção ao nosso dormitório. Estava surpreso com a atitude dele. Pensei que ia comunicar-lhe a necessidade de retornar às experiências na matéria e ele o convidava para um passeio na crosta! Chegamos ao dormitório.

Décio não aguentou a curiosidade e perguntou-lhe:

— O que aconteceu que fez com que mudasse os planos?

— Analisei o caso juntamente com Venâncio e dois benfeitores da área das reencarnações que foram unânimes em afirmar que devíamos confrontá-lo novamente com Elza antes de lhe darmos a notícia. Talvez o comportamento que assumir venha a contribuir ao desiderato da reencarnação.

— E se ele se negar a retornar conosco?

— Vamos aguardar. Não nos antecipemos aos fatos.

Afrânio despediu-se, deixando-nos com algumas recomendações referentes a Raul. Passaram-se três dias daquela noite. Raul comportou-se segundo a orientação de Afrânio. Ajudou nas tarefas, colaborando com os jovens que trabalhavam no parque, cuidando das flores e das árvores. Afrânio havia nos comunicado que podíamos avisá-lo que naquela noite o levaríamos à crosta. Aproximamo-nos dele, enquanto se dedicava a um pequeno jardim de flores silvestres.

— Como é, amigão, vamos passear? – perguntou Décio.

— Só se for já – respondeu sorridente.

— Já não, mas à noite é certeza. Afrânio pediu para avisá-lo.

— Verdade? Eu pensei que era "papo-furado" dele só para me acalmar.

— Afrânio não iria usar de argumento falso com você, concorda?

— É, realmente, ele tem sido um "cara bacana" comigo.

— Quando for o momento, nós vamos buscá-lo lá no pavilhão. Vai se preparando.

— Fiquem tranquilos, estarei esperando numa "boa".

Caminhávamos em direção aos pavilhões que ainda não havíamos visitado naquela manhã, quando Afrânio surge ao nosso lado.

— Ué, de onde você veio? – perguntei surpreso.

— De lugar nenhum; estive o tempo todo ao lado de vocês. Nós só não podemos nos ocultar daqueles que nos são superiores.

— Então você esteve invisível o tempo todo enquanto conversávamos com Raul? Assistiu ao nosso diálogo?

— Naturalmente que sim. Ali estive com essa finalidade a fim de aquilatar as reações dele.

— Foram normais?

— Até certo ponto, sim.

— E hoje à noite na crosta, o que você acha?

— Vamos aguardar. Continuem a visitação nos pavilhões e logo mais nos reuniremos.

Afrânio seguiu em direção ao edifício central e nós continuamos o nosso roteiro. Anoitecera. Eu e Décio aguardávamos a chegada de Afrânio. Comentávamos entre nós sobre a transformação de Raul. Já não se via nele aquele jovem assustado, mas sim um Espírito ardiloso, e um tanto resguardado e insatisfeito. Estávamos envolvidos nessas avaliações sobre o comportamento dele, quando chegou Afrânio.

— Estão prontos? – perguntou.

— Sim. Partiremos já? – respondeu Décio.

— Agora mesmo, vamos apanhar o nosso irmão.

Saímos ao encontro de Raul. Estava nos aguardando bastante tenso. Amparados por Afrânio, rumamos em direção à crosta. Chegamos àquela praça próxima da casa de Elisete. Afrânio fez-lhe algumas advertências, depois seguimos. Eram vinte e uma horas quando entramos na residência. Estavam todos reunidos à volta da mesa da cozinha; Dona Florinda, Renato, Elisete, Júlia e Eliza. Aproximamo-nos; Artur e dr. Armando nos acenaram. Dona Florinda acabava de ler um trecho de O Evangelho Segundo o Espiritismo. Desde a recuperação de Eliza,

Elisete sofrera profundas transformações. Aquela cena que assistíamos se repetia todas as semanas. Dona Florinda começou a comentar sobre a lição da noite, quando Raul, mostrando-se um tanto perturbado, dirigiu-se ao quarto que lhe pertencera. Sentiu-se frustrado ao constatar a transformação dos seus aposentos em escritório. Voltou à cozinha, e, no momento em que faziam as orações onde citaram seu nome, correu para junto da mãe, tentando envolvê-la, mas foi em vão. Elisete, tomada pelo fervor da prece, irradiava uma tênue luz à sua volta, o que lhe bloqueou as intenções. Dona Florinda, registrando-lhe a presença, falou de uma forma geral, abordando-o indiretamente:

— Se algum Espírito foi atraído pelas nossas preces, receba neste momento nossa manifestação de carinho e compreensão; procure assimilar os ensinamentos dos benfeitores que os assistem, a fim de que possa assumir a nova condição de vida a que foi chamado, que Deus o abençoe, vá na paz de Jesus!

Naquele momento, Raul saiu à rua desesperado. Eu fui ao seu encalço, mas detive-me ao vê-lo em desabalada carreira. Afrânio chamou-me e recomendou:

— Provavelmente foi ao encontro de Elza. Você vai acompanhá-lo o tempo que for necessário; ele não poderá perceber que está sendo acompanhado por você. Eu e Décio vamos retornar à nossa colônia, mas continuarei atento para que, no momento oportuno, possamos auxiliá-lo novamente.

Despedimo-nos e eu rumei apreensivo em direção à residência de Elza. Aquele encargo para mim era inédito nas minhas experiências de Espírito desencarnado. Temia falhar ao ser descoberto por ele. Orei bastante enquanto me dirigia ao apartamento de Elza.

Entrei...

O casal estava na sala assistindo à televisão. Quando vi Raul ao lado dela, reagi instintivamente, tentando ocultar-me. Abraçado a ela, mostrava-se transfigurado; seus olhos tornaram-se vermelhos novamente, o corpo perdera as fulgurações que mantinha quando em nossa colônia, parecia mais velho. Sentindo a sua influência, Elza demonstrava sinais de sonolência, desculpou-se com Sérgio e dirigindo-se para o quarto. Passaram rente a mim. Quando percebi que ele realmente não registrara a minha presença, acompanhei-os. Ela já estava vestida com os trajes de dormir. Deitou-se e ele continuava abraçado a ela, que logo adormeceu. Em determinado momento, ela começou a agitar-se tentando sair do corpo, mas ele a dominava, beijando-a e abraçando-a com volúpia. Nesse momento, ela acordou gritando, o que atraiu Sérgio.

— O que aconteceu? – perguntou o esposo.

— Acho que tive um pesadelo.

Sérgio acalmou-a e ela acomodou-se novamente para dormir. Raul, desprendendo--se dela, colocou-se em pé à frente da cama, observando-a. Ela adormeceu novamente; em poucos instantes, desdobrava-se do corpo. Quando viu Raul, afastou-se, temendo-o.

— O que você faz aqui? Onde estão os seus amigos? – perguntou-lhe, aflita.

— Desta vez eu vim só.

Falou, aproximando-se dela, que recuou, sentindo que ele não estava bem.

— O que você quer? – perguntou-lhe.

— Eu vim para ficar. Você me pertence! Vamos ficar juntos para sempre.

— Isso não é possível. Não vê que estamos em planos diferentes?

— Não importa! Eu não vou voltar para aquele lugar. Prefiro ficar aqui com você; mesmo nessas condições. Agora ninguém pode me atrapalhar.

Raul tentou agarrá-la, mas ela escapou-lhe, refugiando-se no corpo e novamente acordou gritando, com crises de choro. Sérgio, atraído novamente pelos seus gritos, veio ao seu encontro.

— Elza, o que está acontecendo?

— Estou com medo! Tive outro pesadelo. Alguém tentava me agarrar.

Sérgio foi até a sala, desligou o aparelho de televisão, deitou-se ao seu lado, acalmando-a. Nesse momento, Raul, demonstrando certa revolta, saiu para a rua. Eu o acompanhei; dirigiu-se para a casa dos pais, andando lentamente. No caminho, um grupo de Espíritos embriagados que acompanhavam um alcoólatra encarnado, barrou-lhe os passos como que pedindo alguma coisa. Em determinado momento mostraram-se agressivos. Então interferi, mostrando-me a eles que, ao me verem, se projetaram em desabalada carreira, tropeçando uns sobre os outros. Raul não me percebeu, continuando a sua caminhada. Doía-me vê-lo naquele estado, agindo contra a própria felicidade. Eu já tinha acompanhado muitos casos de Espíritos que nos primeiros momentos se revoltavam ante as circunstâncias da morte. Mas em pouco tempo se reajustavam à nova realidade, tornando-se mais tarde colaboradores da própria família. Raul mostrava-se diferente, agindo completamente oposto. Entramos novamente naquele lar. Artur, quando o viu, meneou a cabeça como que lamentando o estado dele. O jovem foi direto para o quarto da mãe. Sentou em um dos cantos, como que esperando que ela fosse ao seu encontro. Elisete, porém, dormia sem registrar-lhe a presença. O dia começava a despontar, a claridade invadia o quarto através das frestas da janela. Raul adormecera, Renato levantou-se saindo para o trabalho, Elisete preparava Eliza para a escola, demonstrando alegria, pois cantarolava baixinho, entretida com a filha. Já haviam saído quando Raul despertou, vasculhou a casa toda como quem procura alguma coisa e saiu para a rua novamente, andando agora mais apressado. Em poucos instantes estávamos no apartamento de Elza. Ela tomava o café da manhã. Raul abraçou-a, beijando-lhe abaixo da nuca, ela pareceu sentir, passou a mão no local suspirando profundamente. Enquanto se movimentava, ele acompanhava-lhe os movimentos, sugando-lhe as forças. Com muita dificuldade, conseguiu preparar o almoço. Sérgio, quando chegou para almoçar, percebeu que ela não estava bem.

— O que você tem? Está abatida. Sente alguma coisa?

— Eu não sei. Sinto um peso sobre minha cabeça e às vezes penso que vou desmaiar.

— Talvez seja gripe.

— Não sei, não! Será que não é por causa dos comprimidos que eu estou tomando?

— Pode ser. Talvez tenha que substituí-los por outra marca.

— Você não acha que devíamos parar de evitar? Esses comprimidos não fazem bem à saúde; minha mãe sempre fala isso.

— Eu acho que é muito cedo para termos filhos. Deixa eu me organizar primeiro.

— Você é quem sabe.

— Se piorar, ligue para mim, que eu venho apanhá-la para levá-la ao médico.

Almoçaram e logo após Sérgio saiu. Raul mostrou certo contentamento. Elza não conseguiu terminar a arrumação da cozinha, acometida de forte sonolência, provocada por Raul que não se desprendia dela, obrigando-a a deitar-se. Dormiu a tarde toda, dominada por ele. Quando Sérgio chegou, à noite, precisou de muito esforço para acordá-la.

— O que foi? O que foi? – acordou assustada.

— Tudo bem! Sou eu. Acalme-se!

— Que horas são?

— São quase oito horas da noite.

— Como? Eu dormi até agora?

— Sim. Isso não importa; você está bem? Elza contou-lhe o que havia sentido durante o dia. Raul, naquele momento, retirou-se alcançando a rua em direção à casa de Elisete. Foram quase quarenta dias que permaneci ao lado dele, nesse vaivém. Elza, sob a influência dele, emagrecera visivelmente, peregrinando pelos médicos. Ele a dominava de tal forma, que a fizera esquecer-se da fé que alimentava, privando-a dos seus recursos. Em uma das noites, quando Raul deixou a residência de Elza, eu permaneci junto ao casal com a finalidade de inspirá-la a buscar os recursos da Doutrina Espírita, atendendo à orientação de Afrânio. Sérgio chegou por volta das oito horas da noite. Elza preparara um lanche, pois se viu impossibilitada de cozinhar, dada a fraqueza em que se encontrava. Sentados à mesa, acompanhei o diálogo dos dois, colocando-me ao lado dela.

— O que vamos fazer? A cada dia estamos nos distanciando um do outro. Eu não tenho culpa de ter ficado doente, parece até que você não acredita em mim – falou Elza, quase chorando.

— Não é nada disso. Apenas estou preocupado com você. Os médicos não encontram nada que justifique seu estado de saúde. O Dr. Oliveira disse tratar-se de um esgotamento nervoso e aconselhou-me a levá-la a um neurologista.

— Você acha que é da minha cabeça?

— Não sei, Elza. Precisamos descobrir.

Nesse instante, atuei sobre ela, estimulando-lhe o ânimo.

— Por que não pensei antes?

— O que foi? – perguntou Sérgio, preocupado.

— Nós vamos a um Centro Espírita.

— Você acredita que será um solução?

— Quem sabe? Eu já li muito a respeito. Pode ser mediunidade. Quando eu assistia às palestras na Federação Espírita, quase sempre abordavam a influência que sofremos por parte dos Espíritos desencarnados. Talvez seja este o meu problema.

Sérgio relutou um pouco, mas acabou concordando em levá-la no dia seguinte. Deixei-os, retornando para o lar de Elisete, onde Raul se encontrava. Afrânio aguardava-me; contei-lhe sobre a resolução do casal e ele se mostrou satisfeito. Raul estava acomodado no canto do quarto, quando sua mãe, de madrugada, desdobrou-se do corpo em sua direção e acariciando-lhe a cabeça começou a falar:

— Meu filho, o que você está fazendo com a sua vida?

— Não importa; você me abandonou.

— Eu não o abandonei! Tenho orado bastante por você; desejo a sua felicidade.

— Agora eu tenho a felicidade que desejava. Estou com ela e você não pode me impedir.

— Raul, meu filho! Depois que você partiu, tenho aprendido muitas coisas boas.

Agora sei que não somos donos da vida de ninguém, muito menos das pessoas que amamos; mesmo nossos filhos não nos pertencem. Devemos nos amar como irmãos.

— Deixe-me... Deixe-me.

Senti-me penalizado ao vê-lo transfigurado daquele jeito. Parecia um molambo humano. Por outro lado, sentia-me feliz ao ver Elisete totalmente transformada. Seu próprio Espírito mostrava-se mais radiante. Lembrei-me das provações que ainda teria que enfrentar nos próximos anos, então pedi a Deus para lhe dar bastante força para superá-las. Afrânio despediu-se e eu aproveitei para descansar um pouco, pois sentia-me exausto; aqueles dias absorveram-me as forças. Cochilei até o amanhecer. Artur acordou-me quando Raul se preparava para sair e eu o acompanhei. Logo que chegamos ao apartamento de Elza, Raul foi se ajustando à sua organização perispiritual, tentando dominá-la. Ela, porém, mostrava-se revigorada no ânimo, dificultando-lhe a manobra. Permaneci com eles até a noite, colaborando para que ela se mantivesse disposta a levar avante a decisão de comparecer à reunião.

Afrânio chegou quase no mesmo instante que Sérgio.

— Como é, está tudo sob controle? – perguntou-me.

— Parece que sim; pelo menos Elza está pronta. Só aguardava a chegada de Sérgio.

— Ótimo!

Raul, parecendo pressentir alguma coisa, começou a envolver Sérgio, que se mostrou contrariado.

— Eu acho que não devemos ir. Você não está bem e pode piorar.

— Vamos sim. Eu já estou pronta – falou Elza, decidida.

— Vamos só perder tempo. Eu acho que isso é bobagem; você precisa mesmo é de médico.

— Nada disso! Se você não for, eu vou sozinha.

Sérgio, contrariado, acabou concordando. Raul, imediatamente, agarrou-se novamente em Elza, causando-lhe mal-estar, mas mesmo assim ela se equilibrou em Sérgio e saíram. Entramos todos no carro. Raul nem sequer cogitava da nossa presença. Em poucos instantes chegamos ao local; era um salão pequeno com uma porta lateral, onde, para minha surpresa, dona Florinda recepcionava as pessoas que iam chegando. Elza conversou com ela, contou-lhe o que estava acontecendo. Dona Florinda então mandou que aguardassem, que mandaria chamá-los. Eles se acomodaram nos bancos no meio da assistência. Dona Florinda dirigiu-se à frente do público presente, abrindo a reunião com uma prece. Depois chamou um senhor que iniciou um comentário sobre o Evangelho. Enquanto se desenrolava a sua palestra, dona Florinda atendia as pessoas com problemas de saúde, visto ser ela uma médium de cura. Sérgio e Elza foram chamados; entraram em uma pequena sala, onde ela falou novamente tudo o que estava sentindo, e o que acontecia com ela. Naquele momento, Dr. Armando, que assistia dona Florinda, cedeu seu lugar a Afrânio, que dominando os recursos mediúnicos dela, começou a falar:

— Irmã, você não tem nada fisicamente, nem sofre os sintomas da mediunidade que suspeita; apenas você precisa cumprir a missão de mãe, recebendo um filho em seu lar.

— Nós achamos que ainda é muito cedo – retrucou Sérgio.

— Irmão querido, como podemos saber quando é cedo ou quando é tarde para um renascimento? Só Deus sabe.

Raul agitava-se enquanto dona Florinda falava, sob a influência de Afrânio.

— A senhora acha que já estamos preparados?

— Não só acho, como devem providenciar o mais breve possível. Caso contrário, sua saúde correrá sérios riscos.

Nesse momento, Elza começou a passar mal. Dona Florinda aplicou-lhe um passe, desligando Raul que, naquele instante, retirou-se em direção à rua. Após Sérgio também beneficiar-se do passe, retornamos ao salão, onde os dois se acomodaram até o encerramento da reunião. Aproveitando os momentos em que Sérgio ouvia o comentário do Evangelho, Afrânio atuou sobre ele, conscientizando-o da necessidade de ter um filho. Raul havia retornado para a casa de Elisete. Acompanhamos o casal até o apartamento deles. Elza sentia-se bem; mal chegaram, começou a falar entusiasmada.

— Hoje termina a caixa de comprimidos. Como é, paro de tomá-los?

— O que você acha?

— Por mim já tinha parado há muito tempo, quero saber de você.

— Tudo bem, que Deus nos ajude.

Elza correu atirando-se aos seus braços, vibrando de alegria. Eu e Afrânio nos retiramos. A partir daquela noite Elza passou a submeter-se a um tratamento de passes três vezes por semana. Já na primeira semana, registrava uma melhora surpreendente. Raul sentia-se acuado, suas forças resvalavam nas vibrações de otimismo que se apossara de Elza, que mantinha uma fé fervorosa, aguardando as bênçãos da maternidade. Certa noite, quando ele se refugiava no quarto de Elisete, Afrânio chegou acompanhado de Venâncio, o que me surpreendeu, pois eram raras suas vindas à crosta, só em casos muito importantes. Cumprimentaram-me, conversando um pouco comigo. Logo em seguida, aproximaram-se de Raul. Ele estava profundamente transtornado, seu semblante demonstrava medo e apreensão. Venâncio falou-lhe:

— Raul, meu irmão, não se desespere. Para tudo existe uma solução. Estamos aqui para auxiliá-lo, entretanto, para isso, precisamos da sua colaboração. Sabemos da insegurança de que está acometido, por isso mesmo queremos ofertar-lhe meios seguros de sair dessa situação difícil em que se colocou. O único caminho que nos aponta a misericórdia divina é a bênção do renascimento.

Raul agitou-se quase em desespero, entregando-se ao pranto convulsivo.

Após chorar muito, acalmou-se.

— Então, meu irmão? O que me diz?

— Eu não sei nada. Estou com muito medo.

— Antes de você reencarnar, foi feita uma programação incluindo o seu retorno quase imediato para novas experiências na matéria. Elza prontificou-se a recebê-lo nos braços como filho querido do seu coração. Naquele instante, o rapaz voltou a chorar. Afrânio atuou sobre ele, procurando fortalecê-lo. Venâncio insistiu, conversando.

— Sob os cuidados carinhosos de Elza, você vai reconstruir sua felicidade, adquirindo a segurança que agora lhe falta. Confie em nós a fim de que possamos ajudá-lo.

— O que devo fazer? – perguntou assustado.

— Não se preocupe! Apenas se entregue à nossa vontade, colaborando conosco com os seus pensamentos. Dentro em pouco chegarão os benfeitores da reencarnação que nos ajudarão a prepará-lo.

Não demorou muito e chegaram dois Espíritos. Um deles, de barbas brancas, vestia-se com um traje longo. O outro era de aparência jovem e olhar penetrante. Sorriram nos cumprimentando. Eles, juntamente com Afrânio e Venâncio, rodearam Raul.

— Agora você nos ajude, concentrando seu pensamento em sua imagem do tempo em que era menino; mantenha essa imagem nítida na mente.

Naquele momento, todos se transfiguraram diante de mim, o quarto foi tomado de uma luz prateada, deixando-os quase invisíveis aos meus olhos. Raul agitava-se como se estivesse em convulsão, aos poucos foi-se retraindo até que se transformou em uma criança quase do tamanho de um recém-nascido. Elisete, naquele momento, desdobrou-se do corpo físico dirigindo-se até ele, tomou-o nos braços, voltando-se para os benfeitores que, pelo seu gesto, compreenderam suas intenções. Concentraram-se novamente e todos nos vimos transportados para o apartamento do jovem casal. Elza estava fora do corpo e registrou a nossa presença. Elisete entregou-me Raul e foi ao seu encontro. Ela se afastou, temendo-a.

— Não tema, minha filha! Quero abraçá-la, pedindo perdão pelo quanto tenho feito você sofrer.

Elza abaixou a cabeça. Elisete aproximou-se, envolvendo-a num demorado abraço.

— Minha filha, vim reparar um erro que há muito nos tem feito sofrer. Prisioneira do egoísmo, tornei-me cega durante tanto tempo, que não conseguia enxergar a felicidade que você lhe oferecia. Graças ao sofrimento que venho experimentando, dobro-me à realidade.

Voltando-se para mim, tomou novamente Raul em seus braços, entregando-o a Elza.

— Em nome de Deus, entrego-o sob os seus cuidados, confiante de que você lhe dará a felicidade que eu não fui capaz.

Elza abraçou-o envolvendo-o em suas vibrações de amor, olhou para nós, um por um e, expressando um sorriso de contentamento, retornou ao corpo com Raul ajustando-se à sua organização perispiritual. Venâncio fez um sinal, convidando-nos a partir. Os benfeitores da reencarnação permaneceram. Nós, após acompanharmos Elisete em retorno ao corpo, seguimos rumo à Estância de Amor. Reunidos no gabinete de Venâncio, fizemos algumas considerações sobre os acontecimentos e nos recolhemos. Eu e Décio retornamos ao nosso pavilhão, cheios de contentamento pelas experiências que havíamos vivido durante aqueles meses. Mais uma vez a bênção do trabalho se exaltou ao nosso entendimento, como o maior tesouro que a vida pode nos oferecer, principalmente quando dirigido a uma causa nobre e que envolve o bem-estar do nosso próximo.

FIM

TRILOGIA *Edgard Armond*

Aliança

Gênero: Espiritismo
192 Páginas | 14 x 21 cm

Evolução espiritual de uma civilização extraterrestre teve sua continuidade em nosso primitivo e obscuro planeta, trazendo para cá as luzes de um novo progresso combinadas com as lágrimas de um notável processo de regeneração de almas.

Gênero: Espiritismo
160 Páginas | 14 x 21 cm

Este livro narra interessantes aspectos da Lei da Reencarnação, do Carma e da Justiça Divina, acompanhando a trajetória de Espíritos afins.

Gênero: Espiritismo
128 Páginas | 14 x 21 cm

Principais acontecimentos que levaram a última comunidade religiosa da Atlântida a escapar da submersão, salvando suas tradições espirituais e levando a semente da Nova Civilização.

Aliança

Nelson Moraes

Gênero: Romance
128 Páginas | 14 x 21 cm

Roqueiro famoso, surpreendido pela morte prematura causada pelo uso abusivo de álcool e de drogas, se vê diante de uma realidade que jamais imaginara.

Gênero: Romance
160 Páginas | 14 x 21 cm

Do mesmo autor de "Um Roqueiro no Além", esta obra reúne relatos de lembranças de uma vida passada pelo Espírito Zílio.

Nelson Moraes

Aliança

Gênero: Auto Ajuda
148 Páginas | 7,5 x 10,5 cm

Mensagens consoladoras que habilitam a superar tanto os obstáculos quanto as sombras que se interpõem nos caminhos.

Gênero: Contos/Crônicas
128 Páginas | 14 x 21 cm

Para onde vão as crianças? De que forma somos protegidos das "balas perdidas", dos acidentes, das enfermidades...? O Espírito Aulus responde à interessantes perguntas.

Aliança

Nelson Moraes

Gênero: Espiritismo
128 Páginas | 14 x 21 cm

O perdão é o verdadeiro caminho da felicidade. A obra narra episódios onde incompreensão e mágoa funcionam como cárceres mentais, atravancando o progresso moral do homem.

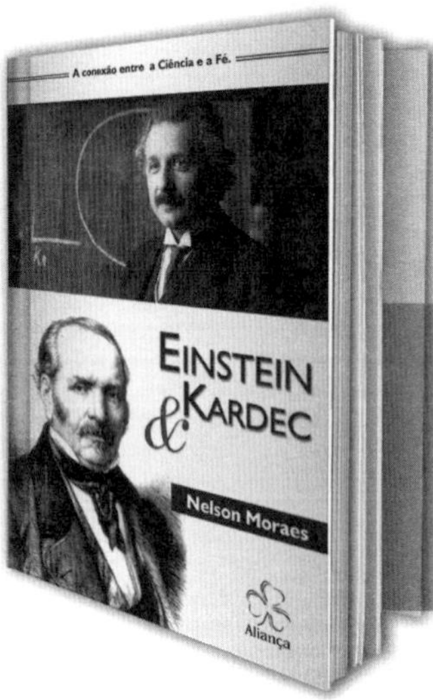

Gênero: Filosofia
160 Páginas | 14 x 21 cm

Allan Kardec foi o cientista da alma, Albert Einstein deu alma à ciência! Desenvolveram nos corações uma religiosidade genuína, fundamentada em um conhecimento científico da natureza humana.

Campanha de Preservação da Vida

EDITORA ALIANÇA

Tema: ABORTO

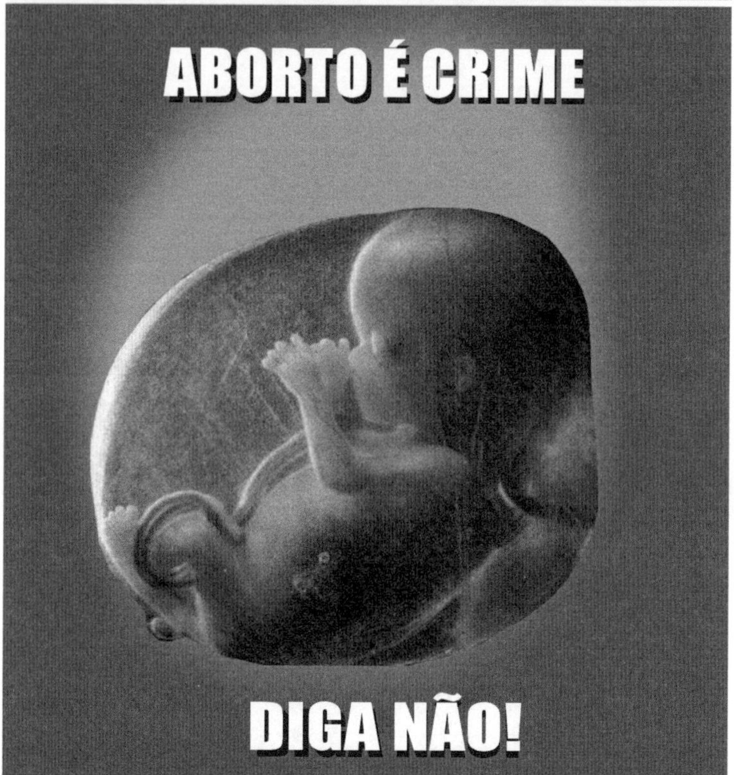

O Livro dos Espíritos, Allan Kardec - questão 358:

Pergunta: *O aborto provocado é um crime, qualquer que seja a sua concepção?*

Resposta dos Espíritos: *Há sempre crime quando se transgride a lei de Deus. A mãe ou qualquer pessoa cometerá sempre um crime ao tirar a vida de uma criança antes do seu nascimento, porque isso é impedir a alma de passar pelas provas de que o corpo devia ser instrumento.*

PRETO
COMO O LEITE
E
BRANCO
COMO O CAFÉ

PRETO COMO O LEITE E BRANCO COMO O CAFÉ

Primeira Edição
São Paulo
2013

ANUBIS

Revisão:
Denise Camargo

Diagramação e capa:
Edinei Gonçalves

São Paulo/SP – República Federativa do Brasil
Printed in Brazil – Impresso no Brasil

Este livro segue as novas regras do Acordo Ortográfico da Língua Portuguesa.

Distribuição exclusiva
Aquaroli Books
Rua Curupá, 801 – Vila Formosa – São Paulo/SP
CEP 03355-010 – Tel.: (11) 2673-3599
atendimento@aquarolibooks.com.br

Dados Internacionais de Catalogação na Publicação (CIP)
(Câmara Brasileira do Livro, SP, Brasil)

Ana (Espírito).
Preto como o leite e branco como o café / Ana; [psicografado pela médium] Sandra Marcondes. -- São Paulo: Anúbis, 2013.

978-85-98647-08-1

1. Espiritismo 2. Psicografia 3. Romance espírita I. Marcondes, Sandra.

13-02738 CDD-133.93

Índices para catálogo sistemático:
1. Romances espíritas psicografados : Espiritismo 133.93

Agradecimentos do espírito Ana

Agradeço a Deus, a Nosso Senhor Jesus Cristo, a Nossa Senhora – Mãe de Jesus –, aos espíritos iluminados superiores que permitiram a realização deste trabalho e aos professores espirituais que me auxiliaram na escrita da história deste livro e no trabalho de transmitir esta mensagem.

Agradeço a Sandra e também a todos aqueles que tornaram possível a publicação desta história, quer estejam no Plano Espiritual, quer estejam no Plano Físico. Muito obrigada! Fiquem com a paz do Senhor!

Palavras do espírito Ana

Irmãos e irmãs: desconheço palavras na língua portuguesa para descrever a felicidade que senti quando obtive a permissão de Deus, através de seus obreiros iluminados, para poder trabalhar com o envio de mensagens do Plano Espiritual para o Plano Físico, após muito estudo que desenvolvo por aqui no Mundo Espiritual.

Os coordenadores da cidade espiritual "Nossa Senhora – Mãe de Jesus", onde resido atualmente, sugeriram que eu contasse a história de duas vidas que tive no Plano Físico da Terra, e também experiências e aprendizados que vivenciei no mundo dos espíritos entre essas duas vidas na Terra Física.

Essas duas vidas no Plano Físico se passaram entre o fim do século XVIII até alguns poucos anos antes da abolição dos escravos. Elas foram escolhidas para serem contadas porque se trata de um período marcado na história do Brasil pela presença da escravidão, cujas repercussões e consequências são sentidas até hoje no século XXI.

E é preciso lembrar do passado para que os mesmos erros não ocorram novamente e os acertos sejam acentuados e melhorados.

Porém, é de suma importância ressaltar que lembrar-se do passado deve ocorrer sem quaisquer resquícios de rancor ou desejos de vingança, mas apenas com intuitos de aprendizado.

Irmãos e irmãs: é mais que chegado o momento de todo ser humano que habita o Plano Físico ou o Plano Espiritual do planeta Terra, sem exceção, compreender que todos nós somos filhos do mesmo Pai, Deus, independentemente da cor da pele, do sexo, da opção sexual, da classe social, do credo religioso, da profissão ou da nacionalidade.

Ora, temos consciência de que vivemos inúmeras vidas na Terra Física. Isso quer dizer que, ora possuímos a cor da pele negra, ora a pele vermelha, ora branca, ora amarela ou qualquer outra mistura possível. Mais... Ora somos ricos de bens materiais, ora somos pobres desses bens, e por aí vai... E isso tudo para que, através de incontáveis experiências, avancemos no progresso espiritual a caminho de Deus e compreendamos, no fundo de nossa alma, que, repito, todos somos irmãs e irmãos filhos do mesmo Pai.

E toda essa compreensão nos leva a agir conforme a lição deixada pelo Mestre Jesus, pela qual devemos proceder para com os nossos irmãos e irmãs dos Planos Físico e Espiritual, exatamente da mesma forma que gostaríamos que procedessem conosco.

Pois bem, irmãos e irmãs: trabalhemos unidos nas Leis de Deus do amor e caridade para que o preconceito racial, que é uma das sérias e tristes consequências da escravidão, bem como qualquer tipo de preconceito, seja erradicado do coração de todos os seres humanos.

Que Deus abençoe a todos vocês!

Palavras e agradecimentos de Sandra Marcondes

Agradeço a Deus, a Jesus, aos espíritos de luz que auxiliaram a realização deste trabalho, a amada Ana e a todos que tornaram possível a concretização deste livro!

E saibam, amigos e amigas, que ora leem este livro, que fiquei feliz da vida com a oportunidade de poder trabalhar com a doce Ana, receber sua linda história e poder compartilhá-la com vocês.

Para mim foi um processo maravilhoso de aprendizado sobre inúmeras questões de vida e, principalmente, quanto ao trabalho e responsabilidade que cada ser humano tem, quer esteja no Plano Espiritual ou Físico, no sentido de contribuir, através de suas ações, para o avanço da humanidade para que todo e qualquer tipo de preconceito seja erradicado dos Planos Físico e Espiritual. Ademais, a querida Ana não se cansa de dizer que "todos somos irmãos e irmãs, filhos do mesmo Pai".

Finalmente, digo obrigada ao meu irmão Renato que, com muito zelo e carinho, leu os originais deste trabalho e me lembrou de que o próprio "Hino da Proclamação da República" do Brasil, publicado no Diário Oficial de 21 de janeiro de 1890, ou seja, somente um ano e oito meses após a assinatura, pela princesa Isabel, da Lei Áurea de libertação dos escravos, já afirma que "somos todos iguais":

"... Liberdade! Liberdade![1]
Abre as asas sobre nós!
Das lutas na tempestade
Dá que ouçamos tua voz!

Nós nem cremos que escravos **outrora**
Tenha havido em tão nobre País...
Hoje o **rubro** lampejo da aurora
Acha irmãos, não tiranos **hostis**.
Somos todos iguais! Ao futuro
Saberemos, unidos, levar
Nosso **augusto** estandarte que, puro,
Brilha, **ovante**, da Pátria no altar!

Liberdade! Liberdade!
Abre as asas sobre nós!...".

outrora: outros tempos.
rubro: vermelho.

---

1 Trecho do "Hino da Proclamação da República". Letra de José Joaquim de Campos da Costa de Medeiros e Albuquerque (1867-1934), e música de Leopoldo Miguez (1850-1902).

hostis: inimigos.
augusto: majestoso.
ovante: vitoriante.

Um grande beijo para todos! Fiquem com Deus!

Sumário

Ano de 1789 do Plano Terreno

Sentada na cadeira de balanço estava eu, Ana, no meio da sala da casa-grande[2] da fazenda canavieira do meu pai, coronel Belarmino, a balançar e me abanar desesperadamente, com o coração aos saltos. Eu suava frio. Não suportava mais ouvir o barulho do chicote nas costas do escravo José. Meu pai é quem havia ordenado o castigo. Aliás, para ele castigar escravos era prática perfeitamente natural. Afinal, ele costumava dizer: "Os escravos são propriedades minha, são coisas e não possuem alma, portanto eu tenho a permissão de Deus para castigá-los como melhor me convier".

Minha mãe, que morria de medo do meu pai e não ousava contrariá-lo em absolutamente nada, fingia estar atenta ao seu bordado e não se importar com o castigo imposto a José. Vez ou outra ela me lançava um olhar de súplica, pelo qual pedia que eu não brigasse mais uma vez com meu pai para defender os escravos. Caso contrário, seria mais uma vez trancafiada em meu quarto por inúmeros dias a pão e água. No entanto, o meu desespero era tanto que aleguei uma indisposição e pedi licença ao meu pai para me retirar da sala para descansar em meu quarto.

Meu pai, embora desconfiado de que eu fosse tentar algo a favor de José, assentiu com a cabeça e me olhou de um modo que senti calafrios de pavor. Corri ao meu quarto e me atirei sobre a cama a chorar copiosamente. Minha querida Maria, escrava que

---

2 Casa-grande: construção onde habitavam o proprietário de escravos e de extensas áreas rurais, junto com sua família e com alguns dos seus escravos. (Nota da médium Sandra.)

havia sido minha ama de leite e cuidado de mim desde bebê, veio logo atrás, fechou a porta do quarto e pediu que eu me controlasse.

– Agora a menina Ana num pode fazê nada. Fica quieta, por Deus Nosso Senhô Jesus Cristo! Senão o coroné vai pô a menina no tronco dos escravo. Ele já ameaço de fazê essa barbaridade. Um dia ele vai cumpri essa promessa. Fica quieta, pelo amor de Deus!

– Mas isso tudo não é justo – falei ao mesmo tempo que continuava a chorar –, o José não fez nada. Eu só estava colhendo laranjas com ele.

– Menina! Cuidado! Nóis vê o jeito que ôces se oiam. Num pode. Ocê, sinhazinha, é branca feito leite e o José é preto feito café torrado. Ocê vai sê muié do fio do coroné Souza, um moço bonito, branco feito ocê. Ocê já tá prometida. Seu pai já disse isso pra ocê. E a menina sabe que o coroné não qué ocê perto dos nêgo. Se a menina num obedecê vosso pai os nêgo leva mais castigo e vai pro tronco.

– Foi só um beijo, Maria. Que culpa eu tenho de gostar do José?

– Beijo! Meu Deus Nosso Senhô Jesus Cristo. A situação é muito pior do que eu tava pensando. Minha Nossa Senhora. Agora a sinhazinha promete pra eu que num vai fazê nada. Nada! Fica quietinha aqui dentro do quarto.

– Vou trazê um chá de camomila pra acalmá a sinhazinha. Minha Nossa Senhora! A sinhazinha beijou o José. Num quero nem pensá se o coroné discobre uma coisa dessa! É capaz dele matá todos os escravo de uma veiz só.

Tapei os ouvidos e pensei como poderia haver um céu cheio de estrelas, tão lindo, lá em cima e ao mesmo tempo uma atitude tão horrorosa aqui embaixo, de chicotear escravos? Por quê, meu Deus? A angústia no meu peito era enorme. Já tinha perdido a conta de quantas chibatadas castigaram as costas desnudas do José, quando decidi que não poderia mais tolerar aquilo.

Tranquei a porta do meu quarto e levantei um tapete que ficava sobre o chão em um canto. Sob esse tapete havia uma pequena alavanca que, com grande esforço, puxei para cima e uma parte do assoalhou levantou-se. Ali havia uma escada com cinco degraus, os quais desci. Peguei uma caixa e rapidamente subi os degraus, com o cuidado de fechar a portinhola e colocar o tapete no devido lugar no piso do quarto.

Sentei em minha cama, abri a caixa e retirei uma vestimenta igual à usada pelas escravas da fazenda. Vesti a roupa de "escrava" e coloquei um pano na cabeça para cobrir os cabelos e parte do rosto. Olhei para a janela do quarto. Por ali não seria possível escapar, já que estava trancada com um cadeado colocado pelo meu pai.

"Tudo bem", pensei, "se não dá para fugir pela janela, eu fujo pela cozinha." Não seria difícil, já que, com exceção dos meus pais e da escrava Maria, ninguém mais se encontrava na casa-grande. Isso porque todas as vezes que os escravos ou escravas eram castigados na fazenda, por ordens do coronel, eles tinham que assistir aos castigos. Meu pai acreditava que, assim, impunha mais respeito sobre si mesmo e o medo que tinham dele crescia ainda mais.

E eu, com muito cuidado e sem fazer barulho, consegui alcançar a cozinha. A Maria terminava de fazer o chá quando me viu vestida com a roupa de escrava e quase desmaiou, pois sabia que eu ia tentar salvar o José.

– De novo não, menina! Seu pai já trancafiô ocê um montão de veiz no quarto a pão e água. Agora que a menina num tá de castigo vai fazê besteira outra veiz. Dessa veiz eu não sei o que vai acuntecê. Por Nosso Senhô Jesus Cristo, minha fia, vórta pro seu quarto. Pelo amor de Deus, não faiz mais loucura! Meu coração já não guênta mais tanta disgracera. Espera a madrugada que, daí, nóis vai iscondida na senzala e vê o que pode fazê pra ajudá o José.

– Se eu não for agora, Maria, o José vai morrer. Não dá para esperar. Depois eu me entendo com meu pai.

– A sinhazinha sempre fala desse jeito. E quanto mais a sinhazinha se preocupa com os nêgo, mais o coroné castiga nóis.

– Mas eu não posso ficar quieta, Maria. Eu só vou fazer com que o feitor pare de açoitar o José senão ele vai morrer. E depois eu vou ajudar o escravo Pai Benedito a fazer os emplastros para a cicatrização das feridas nas costas do José.

– A sinhazinha tá cada dia mais louca. Não vê que não vai resolvê as coisa desse jeito? Vorta pro seu quarto e fica bem quietinha. Já falei... De madrugada nóis vai lá! Num tô sentindo coisa boa. Tô cum mau presságio. Cruz-credo, Nosso Senhô Jesus Cristo!

Olhei para a Maria como se fosse a última vez e senti um calafrio percorrer todo o meu corpo. Dei-lhe um beijo na testa, disse que a amava e abri a porta da cozinha com muito cuidado. Parei na soleira da porta e olhei para todos os lados. Realmente não havia ninguém. "Colei" meu corpo à parede da casa-grande e fui me esgueirando até o ponto que queria.

A partir daquele local eu teria que tomar mais cuidado ainda, pois cruzaria um grande espaço sem nenhuma árvore para me esconder e, claro, eu poderia ser vista pelo meu pai da janela da casa-grande e ele acharia estranho uma escrava andando por ali naquele momento, já que todos os escravos deveriam estar vendo o José ser castigado. Entretanto, não dava mais para voltar atrás e decidi atravessar o enorme espaço o mais rápido que pude.

Finalmente consegui alcançar a parte do terreno onde havia muitas árvores, e ali seria mais fácil me esconder. Continuava a correr quando escutei o estampido de um tiro. Percebi que havia sido atingida nas costas, senti uma ardência no local, passei a mão e vi sangue. Mas continuei correndo como se nada tivesse acontecido. Estranhei não sentir muita dor e permanecer com forças para correr. "Acho que é porque levei um tiro de raspão, sem importância", pensei.

Cheguei à área das senzalas, no meio das quais havia dez troncos para os castigos dos escravos. Três estavam vazios, graças a Deus. Quanto aos outros, havia escravos e escravas que tinham sido chicoteados outros dias e lá permaneciam "de castigo". E em um desses troncos estava o José sendo chicoteado, embora já estivesse desmaiado e todo ensanguentado.

Meu coração apertou. Olhei aquela cena cruel e, em um gesto desesperado, pulei nas costas do feitor. Comecei a esmurrá-lo ao mesmo tempo que tentava tirar o chicote de suas mãos. Estranhei, pois ele sequer sentia meus socos. Era como se ele não me percebesse ali e continuava enlouquecido com sua sanha de chicotear o José, mesmo percebendo que ele já estava praticamente morto e seu corpo completamente ensanguentado.

Mas eu não desisti. Continuei a esmurrar o feitor até não ter mais forças e cair ao chão. Nada mais era possível fazer. O José estava morto. Entretanto, não entendi como o corpo do José estremeceu, seus olhos se abriram por um único instante e o suficiente para me olhar com amor e tristeza. E de repente, não sei de onde, apareceram homens e mulheres que eu não conhecia de lugar algum e se vestiam de uma maneira muito diferente daquela com que estava acostumada até então. Elas usavam calças compridas com túnicas sobrepostas, nas cores azul-celeste, branca, rosa, dourado, lilás, violeta, verde-claro e também cores que eu nunca tinha visto.

Cada um desses seres emanava fachos de luz através das mãos. Cada facho de luz possuía a cor da roupa que cada um vestia. Muitos deles direcionavam a luz diretamente para o corpo inerte do José e outros ao coração e cérebro de todos os que estavam ali. Mas quem seria essa gente esquisita?, eu me perguntava. Seus olhares eram doces, amáveis. Pareciam anjos. E ao receber essa luz senti uma paz que jamais imaginei ser possível experimentar.

Uma das senhoras desse grupo, que eu acreditava conhecer de algum lugar, mas não conseguia me lembrar de onde, olhou-me de modo fraternal, estendeu as mãos e me convidou a ir com ela, pois agora, ela me explicou, "você vive em outro plano".

Não consegui entender o que ela quis dizer com "outro plano", mas, devido ao amor que transbordava de seus olhos, resolvi aceitar sua gentil oferta e peguei em suas mãos. Porém, em uma fração de segundo recuei, pois me lembrei dos escravos e escravas que precisavam de minha proteção. Decidi que ficaria na fazenda do meu pai e não a acompanharia. Contudo, ainda a ouvi perguntar se eu tinha realmente certeza de que não queria ir com ela. Diante de minha negativa com um movimento de cabeça, a senhora disse que respeitava minha escolha, mas que bastaria um chamado meu e ela viria ao meu alcance.

Após esse diálogo, feito através do pensamento, uma situação inusitada, pela qual nem sequer me dei conta, e surpreendente aconteceu. O corpo de José se transformou em dois corpos iguais. Tanto um quanto o outro corpo estavam desacordados. O que estava preso ao tronco e que fora açoitado estava morto e o outro corpo foi levado delicadamente ao colo da mesma senhora que havia me convidado a ir com ela.

Desesperei-me ao ver José, a quem tanto amo desde pequena, partir junto com aquelas pessoas cheias de luz. A senhora amorosa ainda me deu um último olhar convidando-me, mais uma vez, para acompanhá-los. Resolvi virar o rosto, pois, se olhasse mais um pouco para ela, eu decidiria partir. E mais coisas estranhas continuaram a ocorrer, pois, depois que esses seres se retiraram, comecei a sentir muitas dores no ferimento causado pelo tiro que havia levado.

No entanto, o estranho é que ninguém me via e tampouco falava comigo. "Será que me transformei em um fantasma?", perguntei-me. Estava exausta e resolvi ficar quieta e olhar os acontecimentos. Os escravos e escravas, depois da deprimente e cruel cena de açoitamento, em seus choros contidos, desamarraram o corpo do José do tronco e o levaram para dentro da senzala. Resolvi segui-los. A lua cheia havia aparecido e clareado a noite. Assim, foi possível ver o corpo de José, uma massa de sangue, deitado no centro da senzala. Os escravos ajoelharam-se ao redor do seu corpo e começaram a acompanhar a oração do escravo Pai Benedito, um cântico em língua africana, do continente de onde eles haviam sido sequestrados e trazidos ao Brasil para se tornarem escravos.

Cantei junto com eles, pois havia aprendido com o Pai Benedito, que, para minha grata surpresa, foi o único que me viu e pediu em pensamento que eu seguisse com a tal senhora. Estranhei o fato de ele falar comigo pelo pensamento, mas não dei muita importância. Até que vi o feitor Chicão e levei um grande susto, pois ele já havia morrido fazia uns dois anos. Ele me olhou com ar de deboche, e, quando resolvi falar com ele e perguntar o que estava acontecendo comigo, ouvi gritos desesperados do lado de fora da senzala. Reconheci como sendo a voz do meu pai.

Saí em disparada da senzala, sem perceber que a barreira física do portão com a tranca não me havia impedido de passar. E por instantes esqueci completamente o meu ferimento e quase desmaiei ao ver meu pai, em total descontrole, carregar no colo o corpo ensanguentado de uma mulher. "Estranho", pensei, "o corpo se parece com o meu." Mas apalpei-me e me senti como sempre. Nada de diferente.

O que estaria acontecendo? Lembrei-me novamente da tal senhora que queria me levar. Quem seria aquela mulher? Mas minha atenção se voltou mais uma vez para o meu pai. Olhei atentamente o corpo que ele carregava e qual não foi meu grande espanto ao perceber que na verdade o corpo era o meu! E ele urrava feito louco dizendo que castigaria, a partir daquele momento, todos os escravos, todos os dias, pois, para ele, eu estava usando uma roupa de escrava por culpa deles, que me haviam dado as vestes, fazendo com que meu pai me confundisse com uma escrava. E assim acabou por atirar e matar a própria filha.

"Morta? Eu? Não é possível", pensei. Eu estou completamente viva. Meu Deus, o que está acontecendo? Começava a me desesperar quando minha mãe apareceu e começou a chorar e gritar exasperadamente. Nunca tinha visto minha mãe naquele estado. Ela sempre me pareceu ser uma pessoa muito fria. Jamais demonstrava seus sentimentos e nunca a vi levantar a voz para o meu pai, a quem ela obedecia cegamente. O fato é que, para meu assombro, minha mãe começou a esmurrar as costas do meu pai, esbofetear seu rosto e acusá-lo de assassino da própria e única filha.

Eu continuava sem nada entender. Estava atordoada. E o meu pai com meu corpo nos braços não esboçou reação alguma com os murros e tapas da minha mãe, que, extenuada, me olhou inerte e disse o que eu nunca havia escutado até então:

– Minha filha querida, eu a amo mais que tudo nesta vida. Volta para a mamãe, minha querida. Não vá embora. Eu juro que vou te ajudar a lutar pelos negros e índios escravizados nesta fazenda. Eu não posso mais concordar com os cruéis castigos físicos a eles impostos. O que aconteceu aqui, hoje, com o José, foi uma lamentável cena que não pode jamais se repetir. Volta para a mamãe, meu amor. Perdoe-me por nunca tê-la defendido de seu pai. Mas, a partir de agora, eu juro que te defenderei do monstro do seu pai. Acorda, minha filha querida. Vou te contar algo que não sabe: eu nunca amei seu pai, tenho asco dele. Fui obrigada a casar com ele por imposição do meu pai. Filha querida, minha vontade é matar seu pai para vingar sua morte.

Estava estupefata. Aliás, naquela noite as coisas estavam todas malucas. E quando achei que tudo começaria a se acalmar um pouco, vejo minha mãe tirar a pistola do bolso do meu pai e apontar a arma para a cabeça dele. Não podia acreditar. No entanto, quando achei que minha mãe mataria meu pai, o Pai Benedito apareceu e pediu para a sinhá Rosa não derramar mais sangue do que já havia sido derramado naquela fazenda.

– Matá seu marido, sinhá Rosa, num vai trazê a sinhazinha Ana de vorta. Reza sinhá. Pede ajuda de Deus e Nosso Senhô Jesus Cristo. Dá pra eu a arma do coroné.

Minha mãe, assim como todos na fazenda, inclusive meu pai, tinha um profundo respeito por Pai Benedito. Desse modo, minha mãe resolveu entregar a arma a ele, que a jogou em um lago próximo, e caiu ao chão em completa prostração. Corri até ela e disse que eu estava ali, viva. Bastava que ela falasse comigo e eu responderia como sempre. Porém, ela não me via nem me ouvia. Permaneceu inerte no chão e deixou-se levar à casa-grande no colo de um dos feitores da fazenda.

E foi aí que olhei novamente para o corpo que meu pai carregava no colo. Era o meu corpo inerte. Os olhos do meu pai estavam vidrados. Ele não largava meu corpo de jeito nenhum. Dizia para ninguém se aproximar, com exceção do Pai Benedito que, apesar de todo o sofrimento a que era submetido como escravo, sempre teve um olhar e palavras de amor e carinho para com todos, brancos, negros, índios e o coronel.

– Pai Benedito: salva minha menina. Traga suas ervas. Faça suas benzeduras – gritou meu pai em completo desespero. – Por favor, Pai Benedito. Eu imploro.

– Coroné, este nêgo véio agora só pode orá pra Deus. O esprito da menina Ana num tá mais aqui. A menina partiu desse mundo. O sinhô deve sortá o corpo da menina que nóis vai levá pro velório e dispois pro enterro – respondeu Pai Benedito.

– Não! Não! Não! A minha menina Ana está viva. Vocês todos estão loucos. E você, Pai Benedito, se não salvar minha menina, vai morrer no tronco feito o desgraçado do José – falou meu pai sem coragem de encarar os ternos e caridosos olhos do Pai Benedito, que não se abalou com as palavras do coronel.

E com todo o carinho do mundo, o Pai Benedito fez com que meu pai olhasse em seus olhos. Pediu calmamente ao meu pai que soltasse meu corpo. Aguardou pacientemente por cerca de três horas e meia até que, finalmente, exausto, meu pai entregou meu corpo ao Pai Benedito e pediu que ele fizesse uma reza para mim.

Eu acompanhava tudo boquiaberta. Como poderia me sentir viva se via que meu corpo estava morto e deitado ali no chão? Foi quando comecei a sentir fortes dores no local do ferimento e golfadas de sangue saíram da minha boca. Mas ainda assim consegui reunir forças e entrei na senzala para ver José.

É... Não tinha jeito. Percebi que José estava morto mesmo. Mas se ele estava morto e eu possivelmente também, por que não o via na forma de fantasma como eu? Ah! Deve ser porque aquelas pessoas iluminadas o levaram, pensava no momento em que o feitor Chicão falou mais uma vez comigo:

– A sinhazinha tá certa. Num pode vê o desgraçado do José por causo de que ele foi levado pelos hômi da luz. Eu tumbém vi os hômi e as muié da luz. A sinhazinha tumbém viu mais não quis ir cum eles. Fez muito bem de num ir por causa de que esse povo de luz não é pra gente confiá. Eles qué leva nóis pra gente ficá escravo deles.

Senti um calafrio de horror ao ouvir e ver aquele homem, que estava com a aparência mais horrível do que quando não era um fantasma. Estava vestido em farrapos, muito sujo e uma névoa negra o envolvia.

– Tá cum medo di eu, sinhazinha Ana? Agora nóis tâmo no mêmo mundo. Não é por causo de que a sinhazinha tem a pele branca e eu marrom que nóis sêmo diferente. Agora nóis sêmo iguar. Nóis tá no mundo dos fantasma! A sinhazinha vai vê vosso corpo sê corroído pelos verme. Iguar qui eu. Oia meu corpo. Oia os buraco que os verme já fizerum.

Não consegui articular palavra alguma e com o resto de minhas forças retornei para a casa-grande. Subi as escadas da frente da casa com dores horríveis. Mal conseguia respirar. Minhas forças se esvaíam. Entrei na sala e vi minha imagem refletida em um espelho. Dei um grito desesperado. Estava horrível. Meu rosto parecia o de um cadáver. O sangue estava secando. E o cheiro do meu corpo... Ah, o cheiro estava insuportável com moscas ao redor.

Entrei no meu quarto e vi meu corpo sendo banhado sobre minha própria cama pela Maria e por outras escravas que trabalhavam na casa-grande. Escolheram um lindo vestido com o qual eu seria enterrada. “Não! Não vou deixar que meu corpo seja enterrado. Eu estou viva”, gritava desesperadamente.

Até que vi a imagem da Nossa Senhora, mãe de Jesus, que ficava no meu quarto. Ajoelhei-me sob seus pés e pedi sua ajuda com toda a força do coração. Imediatamente, um ponto luminoso entrou pela janela e rapidamente se transformou na senhora que havia me convidado a ir com ela. Extenuada, sentei sobre o piso do quarto, escorei-me em uma parede de modo a tentar não encostar o ferimento e olhei a bela e meiga mulher.

– Minha filha, como você já percebeu, não pertence mais ao mundo dos vivos da Terra Física. Você está viva no Plano Espiritual. Você voltou para a casa do Pai Celestial.

– Mas eu não quero morrer. Quem vai cuidar dos escravos e das escravas nas madrugadas? E eu sei que continuaria aqui se meu pai não tivesse dado o tiro. Eu também sei que ele não teve culpa. Não queria me matar. Confundiu-me com uma escrava, mas mesmo assim não há como esquecer que ele quis matar mais uma escrava.

E, ao lembrar o tiro, as dores se intensificaram nas minhas costas e o sangue voltou a escorrer. Mal podia respirar ou me mexer, ao quê a tal senhora impôs suas mãos sobre a ferida. De suas mãos saíram fachos de luz, e tive uma leve sensação de alívio.

– Agora, Ana, beba este líquido que lhe ofereço. Contém propriedades terapêuticas que vão fazê-la sentir-se mais fortalecida.

Engoli o líquido e senti uma luz inundar todo o meu corpo, de dentro para fora. O cheiro de sangue seco misturado com o molhado sumiu. Senti-me um pouco melhor e continuei a falar:

– Mas o que faço agora? Como vou viver assim? Quero dizer: viver em um mundo que ninguém me enxerga e não fala comigo? O que faço? Estou desesperada. Não quero deixar minha mãe que, pela primeira vez, falou que me amava.

– Minha filha, o primeiro passo é aceitar a sua nova situação. Saiba que Deus sabe o que faz. Venha comigo. É importante que você se refaça.

– Mas como vou acompanhar a senhora e deixar os escravos sem qualquer proteção? Agora meu pai vai castigá-los ainda mais. E minha mãe? O que será dela agora? Ela quer matar meu pai. É possível que meu pai a expulse de casa e a envie a um convento. O que será dela?

– E Deus, Ana? Pense nele. Ninguém jamais está só. Os escravos e sua mãe estão protegidos por Deus, por Jesus e pelos espíritos iluminados. Você não pode viver a vida deles.

– Eu não entendo. Se Deus protege a todos nós, onde Ele estava quando o José foi covardemente açoitado?

– Deus o estava amparando, minha filha. Deus, que é amor e caridade, jamais desampara. Não julgue as situações apenas pelo momento.

– Mas não me conformo. Eu deveria continuar viva!

– Ana, você sabia que vestir-se com roupas de escrava e ir ao encontro do José, no tronco, naquele momento, não resolveria a questão. Ao contrário. Você sabe que seu pai descobriria sua atitude e ficaria ainda mais enfurecido com você e com os escravos. Óbvio que temos o dever de não sermos omissos em situações tristes como essas de açoites, mas precisamos aprender a hora certa de agir e como agir.

– Então eu fiz tudo errado. Sou impulsiva demais. A culpa de levar um tiro do meu próprio pai foi toda minha.

– Você agiu do modo que achou melhor. Não se martirize. Manter-se nos sentimentos de culpa atrapalha nossa evolução espiritual. Mas por hora venha comigo para que possa se fortalecer. Pense: para auxiliar nossos irmãos e irmãs, precisamos, primeiramente, estar bem. Quando estamos doentes e feridos, nós é que precisamos de ajuda. Esse é o seu caso no momento, minha filha.

Não tinha jeito. O melhor era seguir com a tal senhora. De nada adiantaria eu ficar na casa-grande. Provavelmente arrumaria mais confusão. Mesmo porque, quando pensava em não sair da casa-grande, a ferida nas costas voltava a doer.

– Certo. Vou aceitar sua ajuda. Mas quem é a senhora? De onde a conheço? A senhora parece um anjo, tamanha luz que emana de seu corpo.

– Não sou anjo. Sou uma irmã, assim como você, em processo de evolução espiritual. E pode me chamar de vovó Quitéria.

– Vovó Quitéria! Quantas saudades! Perdoe-me. Está tão iluminada. Perdoe por não tê-la reconhecido. Meu Deus! Eu fiz com a senhora o mesmo que com o José. A senhora estava sendo açoitada e ao tentar ajudá-la esmurrando o feitor, meu pai mandou que a açoitassem até a morte. Por favor, me perdoe!

– Ana, por favor, não me peça perdão. Você tentou me ajudar e, nesse caso, mesmo que seu pai não ordenasse mais chibatadas eu morreria, pois meu corpo físico já não suportava mais o castigo. Era o momento de eu partir para este Plano Espiritual. E, por favor, não me veja como uma vítima, mesmo porque não o sou, mas, pelo contrário, veja-me como uma aluna de Deus em constante aprendizado para sua evolução espiritual.

Andei com certa dificuldade até a vovó Quitéria e a abracei o mais forte que pude sem me dar conta de que, ao abraçá-la, não senti as dores causadas pelo ferimento. Até que dois senhores iluminados como a vovó Quitéria apareceram no quarto com uma maca. Pediram que eu tomasse um pouco da água que me ofereciam e que eu me deitasse. Obedeci e, exausta, adormeci.

CAPÍTULO II

O despertar na cidade espiritual "Nossa Senhora — Mãe de Jesus" — Um mundo livre de preconceitos

Não sei por quanto tempo dormi. De qualquer modo, lembro-me de abrir os olhos várias vezes por poucos instantes e logo em seguida cair no sono novamente. Até que, por fim, abri os olhos e consegui mantê-los abertos sem esforço. Olhei o teto do local em que me encontrava. Lindo. Todo pintado como se fosse um céu ao entardecer com os últimos raios de sol. Tão belo que me fez lembrar o céu que eu via na fazenda do meu pai.

E ao me lembrar da fazenda, meu peito se oprimiu em tristeza e angústia. Como estariam minha mãe, meu pai? E os escravos e as escravas? E os índios escravizados? Como eles estariam sendo tratados? E o José? Será que ele realmente tinha morrido? Onde estaria? Estaria bem? Gostaria muito de me encontrar com ele. Aliás, gostaria de ver todos!

Suspirei e olhei novamente a pintura no teto, que de tão perfeita tive a sensação de que os raios de Sol ali pintados extravasavam a pintura e inundavam meu coração de luz para aliviar minha angústia. Vovó Quitéria se aproximou de mim com um lindo sorriso e, a um pensamento, levantou o encosto de minha cama cerca de 40 graus. Abraçamo-nos e chorei. Até que vovó Quitéria olhou em meus olhos e disse que eu começava mais uma nova caminhada para compreensão e aprendizado de muitas coisas da vida.

– Mas vamos iniciar pelo começo. Olhe as pessoas ao seu redor, tanto aquelas que aqui trabalham quanto as que estão se recuperando. Você vai ter uma surpresa que a deixará muito feliz – completou.

Observei as pessoas e fiquei maravilhada com o que vi: gente de pele negra, branca, vermelha e com a mistura das três cores em perfeito e harmonioso convívio. Uns auxiliando os outros com o máximo respeito. Será que o que vejo é uma miragem? Perguntei-me. E todos se vestiam de modo igualmente belo, independentemente da cor da pele.

Aliás, os homens e as mulheres que auxiliavam irmãos e irmãs em refazimento estavam vestidos da mesma maneira que aqueles seres iluminados que vi na fazenda. Algumas mulheres, entretanto, preferiam usar vestidos, mas não os vestidos longos até os pés, cheios de panos, que eu era obrigada a usar no Plano Físico, mas vestidos abaixo do joelho. "Devem ser bem mais confortáveis que os que eu tinha", pensei.

Alguns vestidos tinham estampas de flores, pássaros e anjos, que pareciam pintadas à mão. Verdadeiras obras de arte. Não vi ninguém com roupas nas cores preta, cinza, marrom ou vermelha.

– Ana, o que você vê aqui não é miragem, ao contrário, trata-se da mais pura realidade. E saiba que chegará o tempo no Plano Terreno, e também em Planos Espirituais, em que todos os seres humanos se respeitarão de modo puro e com coração limpo, independentemente de qualquer coisa que leve a algum tipo de preconceito, qual seja, por exemplo, a cor da pele, opção sexual, crença, ideologia, nacionalidade ou posição social. Contudo, tal fato não se dará de uma hora para a outra. Trata-se de um processo evolutivo, que já teve seu início.

– Acho que isso vai demorar um pouco – pensei. – De qualquer forma, eu sei que existem vários abolicionistas no Brasil. Mas onde estou? Que lugar é este?

– Nós estamos na abençoada cidade espiritual "Nossa Senhora – Mãe de Jesus", localizada espiritualmente nas proximidades da fazenda de seu pai, na região do oeste paulista. Esta cidade segue a rotação da Terra, ou seja, quando lá é dia aqui também o é e quando lá é noite o mesmo ocorre aqui. Somos ao todo cerca de 55 mil espíritos. E você se encontra em um dos 49 edifícios aqui construídos pelos espíritos iluminados superiores, especificamente para o auxílio de restabelecimento de irmãos e irmãs.

E continuou a vovó Quitéria em seus esclarecimentos:

– Todas as pessoas que vivem aqui se respeitam mutuamente com sentimentos nobres, pois já possuem a consciência de que, independentemente da cor da pele, somos irmãos e irmãs, filhos do mesmo Pai, Deus. Sendo assim, por pura sintonia de pensamentos, sentimentos e afinidades, você foi auxiliada pelos que aqui se encontram e trazida para cá. Seja muito bem-vinda, Ana.

Fiquei muito feliz com a explicação da vovó Quitéria, mas, como nunca tive paciência para ficar deitada, tentei sair sozinha da cama. Porém, quando coloquei os pés no chão senti uma leve tontura e fui amparada por vovó Quitéria e por outro amigo muito querido que acabara de aparecer, o Bento, que também foi escravo do meu pai.

– Vim até aqui para lhe dar as boas-vindas, Ana, e dizer que eu estava com muitas saudades de você! Falou o Bento, todo sorridente.

Olhei para o Bento e lágrimas correram pelo meu rosto. Lembrei-me dos cruéis castigos que ele havia sofrido na fazenda a mando do meu pai. E a essas lembranças percebi que a ferida das minhas costas começava a doer e verter sangue novamente.

Vovó Quitéria e Bento pediram que eu tivesse calma e, a um pensamento deles, minha cama retornou à posição horizontal. A partir daí, meus dois amigos impuseram as mãos sobre mim e de seus dedos saíram fachos de luz direcionados por todo o meu corpo, alternando-se nas cores azul-celeste, verde, amarelo, violeta e também com cores que desconhecia.

Essas luzes esquentaram todo o meu corpo, e senti uma leve ardência na ferida causada pelo tiro. Ardência essa que desapareceu por completo assim que a vovó Quitéria e o Bento jorraram luz verde--esmeralda diretamente sobre a ferida. Passei a me sentir leve, em paz, sem qualquer desconforto. Com minha mão notei que a ferida havia se fechado, ao que a vovó Quitéria e o Bento me explicaram:

– A ferida, agora, é tão somente uma mancha amarelada e arroxeada nas bordas. Com o tempo essa mancha desaparecerá por completo. Mas, Ana, esteja atenta para que seus pensamentos fixem em tudo o que é positivo. Ore a Deus e desapegue-se dos acontecimentos de sua última estada no Plano Físico, caso contrário a ferida pode abrir novamente, e as impressões do mundo físico retornarem.

Lembro ainda de ver a Vovó Quitéria e o Bento me olharem com carinho. Agradeci a eles em pensamento e, mais uma vez, caí em um sono profundo, tranquilo e de refazimento para, tempos depois, acordar e perceber que sentia fome e vontade de ir ao banheiro.

Vovó Quitéria apareceu e explicou que tais sensações ainda eram impressões do Plano Físico e que, à medida que me adaptasse à nova vida no mundo espiritual, isso tudo desapareceria. De todo modo, a vovó Quitéria enviou, mais uma vez com as mãos, luzes para a região do meu abdômen e a vontade de ir ao banheiro passou. Quanto à fome, a vovó Quitéria me serviu, em uma linda cumbuca, que parecia feita de cristal, um caldo delicioso com gosto parecido com o de fubá que eu tanto gostava no Plano Físico.

– Ana, este caldo contém medicação para auxiliar seu refazimento. Foi feito com ervas que ainda somente existem no Plano Espiritual e também com espécies de ervas encontradas na fazenda do seu pai, muitas das quais você conhece, uma vez que aprendeu a utilizá-las no Plano Físico com o amado Pai Benedito.

Tomei tudo rapidamente e senti que minhas forças retornavam. Pedi em pensamento para levantar. Mas nem me dei conta de que falava através do pensamento.

– Sim, Ana. Apoie-se em mim e vamos dar uma volta por este maravilhoso quarto.

Olhei para as pessoas ali presentes e ao vê-las convivendo em perfeita harmonia, independentemente da cor da pele, pensamentos tristes vieram à minha mente sem que eu conseguisse controlá-los. Sentia pena dos escravos e das escravas nas fazendas do Brasil. A própria vovó Quitéria sofreu demais na fazenda do meu pai. Todos eles são vítimas, refleti. E a vovó Quitéria, ao ler meus pensamentos, comentou:

– Ana, pergunto a você mais uma vez: onde está sua fé? Deus jamais desampara seus filhos. E saiba: ninguém é coitado ou vítima da vida ou de quem quer que seja. Cada qual passa por lições e desafios, com a permissão de Deus, em prol única e exclusivamente de sua evolução espiritual. Saiba que para tudo o que ocorre na nossa vida há sempre razões divinas. Vivemos milhares de vidas. Eu, por exemplo, vivi na Roma Antiga a perseguir os primeiros cristãos. Portanto, não avaliemos os acontecimentos com base em uma única vida, ou seja, não consideremos as coisas com base na mínima compreensão que temos da vida como um todo. E, além disso, Ana, não acha um fardo muito grande colocar sobre si a responsabilidade pela vida de todos os escravos e escravas do seu pai e do Brasil? Calma, minha amiga. Cada qual é responsável pela própria vida. Ajudar nossos irmãos e irmãs é obrigação de cada um, porém ajudar não significa que sejamos responsáveis pela vida deles.

"Ana, Deus criou os homens simples e ignorantes com o objetivo de que um dia sejamos todos espíritos perfeitos. A perfeição é alcançada através de milhares de experiências que vivenciamos no decorrer de inúmeras vidas no Plano Físico. Essa perfeição pode ser alcançada de modo mais rápido ou mais lento. Isso depende das atitudes que cada um escolher para a própria vida, pois Deus nos concedeu a Lei Divina do Livre-Arbítrio. Em outras palavras: nossa evolução espiritual depende do nosso esforço no sentido de agirmos de acordo com as Leis de Deus.

"A vida corpórea, Ana, dá a oportunidade de vivenciarmos as mais variadas experiências. Ora nascemos do sexo masculino, ora feminino, ora com a pele negra, ora branca, ora vermelha, ora em um país, ora em outro. Há vidas em que somos abastados com o dinheiro, noutras desprovidos dele e por aí vai."

– Isso significa que meu pai pode nascer escravo na próxima vida dele?

– Ele já foi escravo em outras vidas. E muitos de seus antigos algozes se encontram hoje na posição de seus escravos. Isso significa que sua maior prova hoje, no Plano Físico, é perdoar aqueles que um dia o agrediram e não fazer com os outros o que ele não gostaria que fizessem com ele.

"Através da Lei Divina do Livre-Arbítrio, seu pai tem a opção de comprar escravos, dar-lhes a carta de alforria, tratá-los com dignidade, remunerá-los por seus trabalhos e, assim, trilhar no caminho de Deus do amor e da caridade. E também tem a alternativa de comprar escravos, mantê-los nessa condição e castigá-los quando assim lhe convier. A decisão de como agir, com suas respectivas consequências, é dele. Respondemos por todos os nossos pensamentos, palavras e ações. Trata-se de outra Lei Divina, a chamada Lei Divina de Causa e Efeito.

"Mas saiba, Ana, que seu pai, no fundo da alma, sabe que age com os escravos de modo contrário às Leis de Deus. Vamos rezar, sempre, para que ele desperte e siga o caminho do amor e da caridade."

– Bem... De tudo o que a senhora falou, vovó Quitéria, posso concluir que, se fui assassinada em minha última vida pelo meu pai, teria eu sido sua assassina em outra vida?

– Pode ser ou não. Não tenho recordações de suas outras vidas. Mas o fato é que, como falei, a vida no Plano Terreno tem por intuito nosso aprimoramento espiritual. Entretanto, jamais para se vingar de quem quer que seja.

"Ana, imagine a seguinte situação: em uma vida sou o assassino de alguém, na próxima esse alguém me assassina, na seguinte eu assassino de novo essa mesma pessoa e depois sou mais uma vez assassinado por ela... Não teria fim. Não é assim que as coisas funcionam. Você, por exemplo, tem o livre-arbítrio de querer se vingar do seu pai ou perdoá-lo. Você escolheu o caminho de Deus, ou seja, o perdão verdadeiro e generoso, sem quaisquer segundas intenções. Seu perdão não é da 'boca para fora', vem do coração. E você o perdoaria em quaisquer condições, ou seja, mesmo se soubesse que ele a assassinou de propósito.

Assenti com a cabeça e disse:

– Eu amo meu pai, o que é bem diferente de concordar com suas atitudes com os escravos e as escravas. Mas eu pergunto: quando um escravo é açoitado, nada se deve fazer a respeito além de perdoar o agressor?

– Ana, Perdoar é uma coisa. Coibir o mal é outra. E vingar-se ainda outra. Explico: perdoar é divino, coibir o mal é necessário e vingar-se é agir contrariamente às Leis de Deus.

"O perdão se dá de modo verdadeiro, com o coração puro. Coibir o mal deve acontecer com base nas Leis de Deus de amor e caridade, jamais com excessos, exageros, imposições de atitudes e humilhações. A vingança é ato contrário às Leis de Deus. Traz sofrimentos ao vingador e ao vingado, se estiver na mesma sintonia de vibração que o vingador.

"Em outras palavras, quando Jesus fala em perdoar os inimigos, Ele nos deixa a lição de que libertemos nosso coração dos desejos de vingança. O vingador sempre acaba escravo de sua própria vingança e se esquece de viver sua própria vida."

– E de todo o seu ensinamento, vovó Quitéria, tiro, entre outras, a lição de que ninguém está fadado a queimar eternamente no inferno como eu aprendi na Terra.

– Claro que não. Na infinita bondade e misericórdia de Deus, todos, sem exceção, têm infinitas chances para recomeçar e evoluir.

– Vovó Quitéria, muito obrigada por toda essa impressionante e bela instrução! O José adoraria saber de tudo isso! Quando poderei vê-lo?

– Tenho aprendido demais por aqui, querida Ana, e você também vai aprender. O José encontra-se nesta cidade, porém em outra construção. Mas ele ainda não acordou. Recusa-se a isso, pois tem receio de ser novamente chicoteado e de continuar a sentir fortíssimas impressões do momento de sua morte no tronco.

"Porém, no momento certo você terá a oportunidade de encontrá-lo. No entanto, por hora, os espíritos responsáveis por esta cidade pedem que você aguarde, pois ainda está com impressões terrenas e pode se descontrolar emocionalmente ao ver José, o que não seria bom nem para você tampouco para ele. Sendo assim, o importante, neste momento, é que você ore a Deus, a Jesus, aos espíritos iluminados e envie muita luz ao José!

"E agora vou mostrar-lhe este lindo quarto e seu jardim do lado de fora. Um mundo novo e muito especial está à sua espera! Brindemos com a água da paz este novo momento!"

Sorri, assenti com a cabeça, tomei a água que me foi oferecida, elevei meu pensamento a Deus, enviei luz ao José e finalmente saí da cama e fiquei de pé!

O quarto espiritual e mais esclarecimentos da vovó Quitéria sobre a vida

Olhei ao redor do quarto onde estava e fiquei boquiaberta com tamanha beleza. Vou tentar descrevê-lo para vocês, com exceção da pintura do teto sobre a qual já falei. O formato do quarto é oval e as paredes, lindas, são translúcidas e feitas de um material azul bem claro. Essa cor azul vai do piso até quase o teto, pois cerca de 60 centímetros antes a cor muda para o branco beirando o transparente.

Vovó Quitéria me explicou que o material das paredes lembra muito as pedras turmalina azul e turmalina branca que existem no Plano Físico. Das paredes, podemos ver a emissão de luzes com poderes. Essas luzes, disse vovó Quitéria, são "colocadas" nas "paredes" pelos espíritos superiores coordenadores desta cidade espiritual e pelos muitos que aqui vivem através de seus pensamentos em Deus e auxílio ao próximo.

Estava pasma com tanta beleza simples e sem quaisquer exageros. "O exagero no quer que seja", falou a vovó Quitéria ao ler meu pensamento, "traz desequilíbrio."

– E observe, Ana, que a partir da parte transparente da parede entram fachos de luz focados diretamente em cada uma das camas do quarto. Cada facho de luz possui uma cor diferente que se alterna e, quanto à sua cama Ana, está inundada ora com a cor azul-celeste, ora esverdeada, ora alaranjada.

E percebi que, embora a luz fosse abundante sobre todas as camas, não incomodava nem um pouco a vista de ninguém. Vovó Quitéria esclareceu que tais luzes têm propriedades terapêuticas, e cada paciente recebe as cores de que necessita, assim se sentem bem em recebê-las.

Bem, o quarto possui 49 camas dispostas de modo a acompanhar seu formato oval. Não reconheci o material de que são feitas as camas e vovó Quitéria esclareceu tratar-se de algo ainda desconhecido do Plano Físico e que não há nada semelhante, até o momento, para compararmos. De todo modo, as camas são azul-claras, mas com tonalidade mais clara que o azul das paredes.

Os colchões das camas, segundo vovó Quitéria, são feitos com partículas de água energizada pelos espíritos superiores iluminados responsáveis por esta cidade espiritual. Dessa forma, auxiliam no refazimento dos irmãos e irmãs que aqui convalescem.

– Com relação ao quarto onde você se refaz – esclareceu a vovó Quitéria –, as energias inseridas nos colchões são específicas para a cicatrização de feridas causadas por tiros de armas de fogo do Plano Físico, pois todos neste quarto deixaram o Plano Físico na última vida em razão desse tipo de ferimento.

E antes que eu tivesse tempo para pensar na maneira pela qual havia morrido no Plano Terreno, vovó Quitéria continuou com suas explicações:

– Ana, perceba que a água da qual é feita o colchão não se encontra em estado líquido, gasoso ou sólido como na Terra Física, mas em outro estado que ainda não temos conhecimento e permissão suficiente para que possamos explicar aos que se encontram no Plano Físico. E saiba que cada colchão é feito especialmente para cada irmão e irmã que aqui se encontram, com propriedades específicas para cada um.

"Veja que a água fica 'condensada' sem que tenha de ser acondicionada em um recipiente. Ela aí está por ela mesma, o que ainda não ocorre no Plano Físico. Além disso, os colchões e os lençóis exalam aromas, também com propriedades terapêuticas, na forma de luz enviada pelos espíritos iluminados superiores e responsáveis por este quarto. E cada irmão ou irmã em refazimento recebe um ou vários aromas ao mesmo tempo. O aroma ou aromas penetram o corpo espiritual na forma de luz.

"Você, Ana, recebe o perfume semelhante ao das flores da camomila que existem na Terra. Isso para auxiliá-la a ficar tranquila. Lembra que defumávamos a casa-grande e a senzala, recitando cânticos de orações da África, terra onde nasci em minha última estada no Plano Físico? Claro que fazíamos isso escondidas do seu pai, dos feitores e até da sua mãe. Pois é... Mas, nesses momentos, o cheiro suave das flores e ervas fazia com que todos se sentissem mais leves e esperançosos. Seu próprio pai ficava um pouco mais calmo no trato com os escravos e as escravas.

"E observe o espaço entre as camas. É bastante amplo. Ao lado de cada uma há pequenas mesas com formatos arredondados com três pés. São feitas do mesmo material transparente da parede, ou seja, parecem pedras de turmalina transparente que existem na Terra Física. São muito belas."

Olhei as mesinhas sobre as quais vi pequenos vasos com lindas flores, a imagem de Nosso Senhor Jesus Cristo de braços abertos a nos abraçar e também vi imagens de vários anjos, esculpidas todas elas em um material transparente que lembra o cristal do Plano Físico. Tudo encantador!

E ao olhar as lindas imagens elevei meu pensamento a Deus, ao mestre Jesus e aos espíritos iluminados em agradecimento pela benção de poder estar em um lugar tão maravilhoso e cheio de paz. Lembrei-me saudosa da santinha negra que ganhei do escravo Tião, filho da escrava Adelaide, que a esculpiu num toco de madeira. E para meu espanto e feliz surpresa, vi surgir das mãos da vovó Quitéria a imagem da minha santinha, que é a Nossa Senhora, mãe de Jesus.

– Vovó Quitéria, como fez isso? Impressionante! É a minha santinha, que guardava escondida com tanto carinho no alçapão que havia no meu quarto na fazenda. Se meu pai ou minha mãe vissem a santinha esculpida pelo Tião, nem sei o que seria de mim!

– Sim, é a sua santinha. E sabe quem a enviou para você? O escravo Tião através de orações. Sempre que pensa em você, ele se lembra da Santinha e pede para ela a proteger. E quanto às flores do vaso que está ao lado de sua cama, são oferecidas para você por várias escravas e escravos da fazenda, também através de orações. A oração sincera produz maravilhas em irmãos e irmãs que estão tanto no Plano Físico como no Plano Espiritual.

"E o que você acha, Ana, de enviar pensamentos de agradecimento para essas pessoas que oram por você? Elas receberão suas vibrações e sentirão uma agradável sensação e uma doce lembrança sua."

E assim fiz e me senti muito bem. Dei mais uma olhada geral no quarto e percebi que começava a sentir paz e tranquilidade. Será que aqui é o Paraíso que o padre da paróquia da fazenda tanto falava? Pensando bem, acredito que não. Afinal, eu não sou nenhuma santa.

Ao ler meus pensamentos, vovó Quitéria respondeu:

– Aqui não é o Paraíso do imaginário popular. Ana, depois que nosso corpo físico morre na Terra, nosso destino no Plano Espiritual é aquele compatível com nosso grau de evolução como espíritos. Como lhe falei, você está nesta cidade espiritual em razão da sintonia de sentimentos, pensamentos e ações com todos aqui. E saiba que, neste momento, há infinitos planos espirituais tanto superiores quanto inferiores a este. À medida que nos tornamos mais evoluídos espiritualmente, alcançamos planos mais sutis.

– Isso quer dizer, vovó Quitéria, que aqueles que insistem em escravizar irmãos e irmãs na Terra Física e tratá-los de modo cruel não podem entrar nesta cidade? Para onde vão esses irmãos e irmãs depois da morte física?

– Não podem entrar aqui, pois atrapalhariam a ordem das coisas. Aliás, a maioria desses irmãos e irmãs nem ao menos consegue detectar a existência desta cidade, pois eles vibram de modo diverso dos que aqui se encontram. Do mesmo modo que nós não conseguimos detectar mundos superiores ao que estamos agora.

"Entretanto, vez ou outra, irmãos e irmãs têm a permissão de Deus para visualizar cidades espirituais superiores ao grau de evolução espiritual em que estão. Isso nos estimula a caminhar cada vez mais rumo ao progresso nas Leis de Deus.

"De todo modo, saiba que esta cidade espiritual é protegida por Deus, Jesus e pelos espíritos iluminados superiores. Mas cada um de nós auxilia na proteção desta cidade com vibrações, pensamentos e sentimentos edificantes. Enfim, cada espírito se encontra no universo no Plano Espiritual ou Físico com o qual possui afinidades e sintonia de vibrações.

"Mas por hora, minha querida Ana, venha comigo que vou levá-la para um tratamento de banho. Você irá se sentir muito bem. E não se preocupe por estar vestindo camisola. Sei que não gostava de sair de camisola do seu quarto. Lembro bem disso. Mas logo mais resolveremos essa questão."

Vacilante nos primeiros passos, vovó Quitéria me amparou, e, no decorrer de minha pequena caminhada da cama até a porta de saída do quarto, recebi inúmeros sorrisos encorajadores. E esses sorrisos foram tão importantes que, quando dei por mim, já caminhava normalmente sem o amparo da vovó Quitéria.

Divaguei feliz com tudo o que aprendi com a vovó Quitéria. E enquanto sonhava com um Brasil e um mundo livres de escravos e preconceitos, paramos em frente à porta de saída do quarto. Porta, aliás, muito bela, que se parece com um portal com a imagem, feita de flores coloridas, do mestre Jesus Cristo de braços abertos a nos acolher e abençoar.

Belas surpresas sobre a vida no mundo dos espíritos — A água e a costura

A vovó Quitéria abriu a porta do quarto com a força do pensamento, e me deparei, extasiada, com um lindo jardim em formato de círculo com 49 portas dispostas ao seu redor. O piso é feito de uma vegetação que lembra a grama rasteira que existe na Terra, porém seu verde é muito mais vibrante. E a cada passo que dava, tive a sensação de caminhar sobre o mais macio dos algodões. Debaixo de nossos pés saltavam luzes esverdeadas em formato de pingos d'água. Não há teto e assim vi o céu, lindo, sem nuvens em um dia ensolarado. Mas chamo a atenção ao fato de que a sensação sob o sol por aqui é muito agradável, não sentimos o calor da Terra Física.

No centro do jardim há um lago, com água cristalina, rodeado por pequenos vasos que parecem feitos de cristal a irradiarem luz para todos ali presentes. Esses vasos contêm flores, desconhecidas por mim, com as mais variadas cores e perfumes. Vi, ainda, bancos espalhados. Enfim, trata-se de um ambiente que traz muita paz ao nosso coração. A sensação de estar naquele lugar abençoado é indescritível.

A vovó Quitéria me explicou que cada porta daquele jardim nos leva a uma sala com um tipo específico de tratamento que colabora para o refazimento de irmãos e irmãs. Então, paramos em frente a uma dessas portas, a qual foi aberta pelo lado de dentro por uma simpática e sorridente senhora, que se apresentou por Nadir, com aparência de uns 50 anos terrenos.

Dona Nadir, de modo fraternal, agradeceu a mim e a Vovó Quitéria por estarmos ali. E a vovó Quitéria disse que voltaria aos seus afazeres e que, após minha estada com dona Nadir, retornaria para me buscar. Fiquei um pouco apreensiva por ficar longe da minha amiga. Mas bastou um olhar encorajador e um abraço e me deixei levar por dona Nadir.

Entrei na sala e novamente me surpreendi com mais um maravilhoso local que vou tentar descrever. Parece-se com uma linda e pequena gruta. Há um lago no centro e as paredes, que parecem feitas de pedra lilás translúcida, possuem inúmeras fendas através das quais entra a luz do sol.

A temperatura do local é extremamente agradável, e o perfume que senti por toda a sala é muito suave. Encantada e sem palavras para agradecer a Deus por tudo que me estava sendo proporcionado, dona Nadir sugeriu que eu tomasse um banho na água cristalina do pequeno lago. Assenti agradecida pela sugestão e entrei aos poucos. Primeiro toquei o fundo com os pés e, já mais segura, mergulhei todo o corpo até a cabeça e depois me deixei boiar sobre aquela água abençoada. A sensação do contato com a água foi maravilhosa e me trouxe uma indescritível paz e sentimentos de aconchego.

Não me dei conta de quanto tempo permaneci com o corpo boiando e, aos poucos, os resquícios de preocupações e angústias deram lugar à serenidade. Esse tipo de estado a maioria das pessoas que vivem no Plano Físico ainda não é capaz de sentir, mas um dia o sentirá.

E, assim, deixei-me levar pela tranquilidade do momento. Ouvia tão somente minha respiração e um som que se parecia com um lindo cântico que vinha das entranhas das paredes da gruta e da própria água. A impressão era de que eu mais sentia do que ouvia o som. Vovó Quitéria me explicou, tempos depois, que o cântico era uma oração feita por anjos. Por isso que mais "senti" a música do que simplesmente a ouvi. "Esse som", continuou a vovó Quitéria com suas instruções, "já existe no Plano Físico, mas é sentido por raríssimas pessoas, ou seja, somente aquelas que vibram completamente na paz de Deus. Entretanto, Ana, chegará o momento que essas músicas serão sentidas por todos. Mas isso depende da evolução dos espíritos que habitam ora o Plano Espiritual, ora o Plano Físico do Planeta Terra."

E depois de um bom tempo, que não sei precisar quanto, nesse estado de meditação e paz, vi em pensamento, ou seja, através dos meus olhos espirituais, uma tela surgir à minha frente por meio da qual passavam imagens de toda a minha última vida no Plano Físico. Foi uma excelente oportunidade concedida pela espiritualidade para que eu avaliasse minhas escolhas e atitudes, com o auxílio de um senhor que se apresentou por Miguel. Ele aparecia na tela todas as vezes que eu queria esclarecer dúvidas ou mudar de opinião.

Soube depois por dona Nadir que esse senhor é um espírito iluminado que auxilia espíritos como eu a avaliarem as vidas que tiveram no Plano Físico. E isso me fez um grande bem. Não senti, em momento algum, angústia, desespero ou peso no peito, pois, a cada situação que pudesse me deixar tensa, o senhor Miguel pedia que eu olhasse e analisasse a cena como se eu estivesse "de fora" da situação, como uma espectadora. E ter a possibilidade de olhar, com o coração, profundamente e sem julgamentos, minhas atitudes foi libertador! Abandonei milhares de culpas.

E depois dessa maravilhosa experiência, ouvi ao longe a voz carinhosa da dona Nadir, que me pediu para sair da água. Agradeci a dona Nadir em pensamento e saí da água, leve como uma pluma. Passei as mãos pela camisola, pelos cabelos, e percebi que estava tudo seco.

– Sim, Ana – esclareceu dona Nadir ao ler meu pensamento – seu corpo, seus cabelos e sua camisola estão completamente secos.

A água no Plano Espiritual em que estamos é levíssima e diferente da água densa que encontramos no Plano Físico.[3] A água desta cidade espiritual nos limpa energeticamente,[4] mas não nos molhamos como na Terra. Muito embora a sensação de limpeza seja infinitamente maior do que o melhor dos banhos que possamos ter na Terra. A água com a qual você entrou em contato limpou seu corpo energeticamente, mas foi, principalmente, um auxílio terapêutico para uma grande "limpeza" em seu coração. Evidentemente que isso foi possível, também, porque seu coração se abriu para tudo isso. Daí sua indescritível sensação de limpeza, asseio, perfume suave por todo o corpo e, enfim, cuidado consigo mesma.

– Realmente... Tudo por aqui é impressionante.

Dona Nadir sorriu, assentiu carinhosamente e perguntou seu eu gostaria de vestir uma bela roupa. Respondi feliz que sim e, então, dona Nadir pegou minha mão e me surpreendeu ao dizer que eu conheceria um local em que se aprende a arte da costura espiritual.

Saímos da gruta e retornamos ao jardim. Entramos por uma porta que foi aberta com a força do pensamento da dona Nadir. Desta vez me deparei com um salão em formato de círculo com aproximados mil metros quadrados e onde várias pessoas conversavam. As paredes desse abençoado local são feitas de pedras translúcidas e cristalinas com a cor amarelo-clara e o piso de grama

---

3 Quanto à água existente no Plano Físico, devo dizer que se trata de um maravilhoso presente de Deus. Daí a necessidade de ser tratada por todos nós com respeito, parcimônia e sem qualquer tipo de desperdício. (Nota da Ana.)

4 O banho com a água limpa presente no Plano Físico é muito importante, pois, além de assear nosso corpo físico, tem poderes relaxantes, melhorando nosso estado de espírito. E quanto mais relaxados estivermos e com bons sentimentos e pensamentos, maior é a facilidade de conexão com Deus e com o mundo espiritual a nos intuir o melhor caminho a percorrer. (Nota da Ana.)

rasteira verde bem claro. Espalhados por todo o salão, há vasos com lindas flores. Tudo muito encantador e ao mesmo tempo simples.

Ao redor desse salão, estão dispostas seis portas. Em cada uma delas, há uma pequena placa com o seguinte dizer:

- Diretoria e administração
- Sala de estudos de costura espiritual
- Materialização de vestes espirituais
- Sala de estudos de costura terrena
- Sala de estudos de desenhos de costuras
- Sala de estudos da costura no decorrer da história da humanidade

Entramos na sala de materialização de vestes espirituais, no centro da qual há uma lindíssima mesa feita com uma pedra transparente que emite fachos de luz transparente por todo o local. E aqui faço um aparte e repito o que já disse linhas atrás: embora as "pedras" translúcidas das paredes e dos objetos desta cidade espiritual emitam luzes, elas não ofuscam nossa visão, ao contrário, dão-nos a sensação de paz e aconchego.

E sobre a mesa que descrevo para vocês estão dispostas dez pequeninas árvores de pau-brasil com aproximadamente 60 centímetros cada uma. Elas não estão plantadas em vasos, mas nascem da própria mesa. Incrível! São lindas. Nunca vi nada igual na Terra Física! E, além disso, há várias poltronas distribuídas pelo salão com estofados na cor branca e bordas douradas. Dona Nadir me convidou para sentar em uma dessas poltronas e ela se sentou em outra à minha frente.

Olhei ao lado da poltrona em que estava sentada e vi surgir pelo pensamento da dona Nadir uma pequena mesa feita de pedra translúcida amarela, um pouco mais escura que as paredes. Sobre essa mesa apareceu uma pequena cachoeira com cerca de 80 centímetros que verte água, mas não consegui entender de onde vinha. Dona Nadir fechou os olhos e duas lindas xícaras com pires apareceram à frente da cachoeira. Ela as encheu com água e ofereceu-me uma delas. Agradeci, bebi o líquido com um sabor delicioso que lembra bem de longe a maçã da Terra Física e me senti mais revigorada ainda.

Encantada com tudo o que via, sorri, e mais uma vez agradeci a Deus, a Jesus, aos espíritos iluminados, a vovó Quitéria e ao senhor Bento pela feliz oportunidade de belas experiências no mundo dos espíritos, e agradeci também a dona Nadir por toda atenção.

Dona Nadir me contou que vive nesta cidade espiritual há cerca de 90 anos terrenos.[5] Disse que trabalha, entre outras coisas, com a arte do desenho, criação, materialização e costura de roupas espirituais, que tanta alegria lhe traz.

E para minha surpresa, em sua última vida à Terra Física foi escrava na fazenda do meu pai, que à época pertencia ao meu avô, ou seja, pai do meu pai. E como a senhora esposa do meu avô percebeu seu talento com a costura, permitiu que ela se dedicasse a esse ofício.

– Costurei para a sinhá, suas filhas e para as escravas e escravos. Fui autodidata, pois jamais alguém me ensinou a pegar em uma pena[6] nem ao menos eu sabia ler e escrever. Na verdade – esclareceu dona Nadir –, esse trabalho, que tanta alegria me dava, era lembrança do que já havia feito em tantas outras vidas.

---

5 A passagem do tempo no Plano Espiritual é completamente diferente daquela do Plano Físico. Não há termos para qualquer tipo de comparação. A percepção da passagem do tempo no Plano Terreno é completamente diferente daquela existente no Plano Espiritual. Não tenho autorização para esclarecimentos a esse respeito. (Nota da Ana.)

6 Por "pena" a autora espiritual quer se referir ao lápis. (Nota da médium Sandra.)

– Costurar no Plano Físico, tudo bem. Mas fazê-lo no mundo espiritual? – perguntei. Como isso se dá? Jamais imaginei que alguém costurasse roupas depois de morto!

– Ana, a vida, seja no Plano Espiritual ou Físico, é um constante movimento dos espíritos para o progresso de toda a humanidade, e cada qual contribui da melhor forma que pode e na medida de seu grau espiritual evolutivo. Assim, depois de minha adaptação no mundo espiritual, os espíritos iluminados desta abençoada cidade me perguntaram qual seria a principal atividade a que gostaria de me dedicar. Eu disse que adoraria criar, desenhar e costurar roupas, mesmo imaginando que tal atividade não existisse por aqui.

"Mas para o meu espanto" – prosseguiu dona Nadir – "soube que essa atividade existe, sim, no Plano Espiritual e obtive permissão para exercê-la. Disseram-me que eu tinha muito a contribuir para com a humanidade ao desenvolver esse trabalho. Confesso que naquele momento não entendi exatamente o que queriam me dizer e imaginei que desenvolveria essa arte da mesma forma que o fazia na Terra Física. Aí começaram as grandes, boas e belas surpresas.

"Inicialmente frequentei um curso de 12 anos. E a primeira lição foi compreender que no mundo espiritual não necessitamos de máquinas para costurar, pois tudo por aqui é feito com a força do nosso pensamento, através do qual emitimos vibrações e materializamos espiritualmente as roupas, os objetos, as construções, ou seja, as coisas em geral. Por exemplo, você pode idealizar a roupa que quer vestir e assim o será. Esta sala é propícia para isso. As energias do amor de Deus emitidas pelas pedras translúcidas das paredes, das mesas e dos vasos desta sala propiciam mais facilidade para esse exercício. Feche os olhos. Concentre-se no que quer vestir. Tente."

Fechei os olhos. Pensei firmemente em um vestido com o comprimento abaixo do joelho, feito de tecido leve na cor creme, estampado com pequenas margaridas brancas e seus miolos amarelos. Idealizei ainda uma sandália branca e por fim imaginei meus cabelos presos em um lindo coque. Abri os olhos e vi dona Nadir com um espelho a minha frente refletindo minha imagem. Adorei o resultado e perguntei para ela:

– Mas qual a necessidade da costura no mundo espiritual já que cada um pode se vestir como deseja com a força do próprio pensamento, assim como acabou de acontecer comigo?

– Porque nem todos têm essa consciência ao chegarem ao Plano Espiritual. Ana, tomemos você como exemplo. Lembra-se do momento após seu falecimento em sua última vida na Terra Física e que aceitou ajuda dos espíritos iluminados? Pois bem. Esses espíritos lhe fizeram uma limpeza energética com um banho de luz e a vestiram com a camisola que até então esteve vestida. Essa camisola, com poderes terapêuticos, foi feita especialmente para você por abnegados e estudiosos costureiros desta cidade espiritual.

"Aliás, cada roupa que existe nesta cidade espiritual, e em outras que vibram do mesmo modo, é elaborada exclusivamente para cada irmão ou irmã conforme suas necessidades. E saiba que todo e qualquer trabalho aqui desenvolvido é feito sob as Leis de Deus do amor e da caridade. Nada se produz em excesso, de modo fútil ou supérfluo. Cada roupa tem sua razão de ser. Há roupas próprias com energias de proteção, por exemplo, para serem vestidas quando fazemos excursões por regiões do mundo espiritual onde há somente sofrimentos. E há roupas utilizadas para vestir os irmãos e irmãs que são resgatados desses lugares. Enfim, há uma infinidade de roupas feitas por uma infinidade de razões.

"Mas alerto que não basta vestir uma roupa, por exemplo, com energia de proteção, ficar tranquilo de que nada ocorrerá e se tornar passivo. Ao contrário. A roupa é tão somente um instrumento de auxílio. Isso porque, na verdade, a maior proteção que podemos ter por nós mesmos é estarmos constantemente conectados com Deus e agirmos sob suas Leis de amor e caridade.

“Mas é importante ressaltar que ainda necessitamos desses auxílios, como roupas de proteção ou mesmo terapêuticas, tendo em vista o nível do estágio de evolução espiritual em que nos encontramos. Ora, é certo que os espíritos superiores iluminados não precisam do tipo de ajuda que nós ainda precisamos, pois eles já se encontram no estado da pura luz de Deus.

“De qualquer forma, Ana, para a elaboração de cada peça de roupa destinada a cada irmão ou irmã no Plano Espiritual onde estamos, há no mínimo nove etapas a percorrer.

“A primeira delas é o estudo de importantes passagens de várias vidas daquele que usará a roupa, depois estudamos o tipo de morte que o irmão ou irmã teve em sua última vida; em terceiro lugar, detectamos, após o estudo das duas primeiras etapas, os pontos principais do seu corpo espiritual que necessitam de tratamento.

Na quarta etapa, com base nas três primeiras, faz-se o desenho, com a força do pensamento, da roupa que melhor auxilia o irmão ou irmã em seu refazimento; então, inicia-se a pesquisa sobre qual tecido ou tecidos[7] serão utilizados para a confecção da roupa. Tecidos que são materializados espiritualmente, sempre com poderes terapêuticos. A sexta etapa é a escolha para fins terapêuticos da cor ou cores que a roupa terá; depois, em sétimo lugar, escolhemos, também para fins terapêuticos, o perfume a ser exalado pela roupa.

7 Os tecidos aos quais se referem dona Nadir não existem no Plano Físico. (Nota da Ana.)

A penúltima fase é a idealização da roupa no pensamento da costureira ou costureiro; e por último a materialização espiritual da roupa.

"Para aprender a trabalhar com essas nove etapas, os irmãos e irmãs estudam e pesquisam o poder do pensamento quanto à materialização das coisas no mundo espiritual; a anatomia e fisiologia do corpo físico e espiritual dos seres humanos; o campo energético dos corpos físico e espiritual do ser humano; os poderes terapêuticos das cores e dos aromas, muitos dos quais ainda não existentes no Plano Físico; os tecidos existentes no Plano Físico e aqueles que ainda somente existem no Plano Espiritual; a criação de tecidos terapêuticos que serão desenvolvidos na Terra Física conforme a evolução espiritual do homem; e o que é o 'belo'."

Dona Nadir ainda continuou:

– Além disso, estuda-se a vestimenta no decorrer da história da humanidade. Isso porque a maneira como os homens e as mulheres se vestem revelam comportamentos individuais e sociais. De posse desses estudos, os alunos, como eu, emitem relatórios aos seus mestres, que são espíritos superiores iluminados, com sugestões de ações para contribuição da evolução espiritual das sociedades humanas. Às vezes, por exemplo, entende-se pela necessidade que um espírito iluminado com avançado grau de inteligência nasça em uma família com pouquíssimas posses materiais em determinada comunidade. Isso para mostrar que somos todos filhos do mesmo Pai e que a veste pobre ou rica não é requisito para julgarmos o valor de quem quer que seja.

"Vista um rei de mendigo e veja como ele será tratado por algumas pessoas. Vista um mendigo de rei e verifique o tratamento que lhe será dado. Tal fato leva o nome de preconceito, que um dia será erradicado verdadeiramente do coração dos seres humanos, estejam eles no Plano Físico ou Espiritual. Mesmo porque nesse dia não existirão mais pessoas vestidas em farrapos. Todos estarão vestidos dignamente e entenderão o que é a verdadeira felicidade."

Realmente, há tantos mistérios a serem revelados aos homens... Pensava nisso quando vi vovó Quitéria retornar, agradecer a dona Nadir por toda atenção para comigo e me convidar para visitar o José. Exultei de alegria e dei um beijo em dona Nadir como agradecimento por todo o bem que ela havia me proporcionado. E ao olhá-la mais uma vez, tive a certeza de que ela já me havia feito muito bem também em diversas outras vidas.

CAPÍTULO V

"Nossa Senhora — Mãe de Jesus" — Encantos Mil José — escravo do medo Situação na fazenda do meu pai

Vovó Quitéria pegou em uma das minhas mãos e, com a força de seu pensamento, em menos de um segundo me vi fora da construção onde até então havia estado. Deparei-me com a linda e enorme praça central da cidade espiritual "Nossa Senhora – Mãe de Jesus", chamada carinhosamente pelos seus habitantes de "Praça da Luz".

Essa praça é circundada por montanhas, entre as quais há florestas a perder de vista. As montanhas possuem vegetação rasteira verde com canteiros de lindas flores rasteiras aqui e acolá. Já as florestas possuem árvores que chegam ao patamar dos 40 ou 50 metros de altura, com folhas verdes nas mais diversas tonalidades. Além das folhas, as árvores possuem flores e frutas coloridas que exalam suaves aromas por toda a cidade.

A vovó Quitéria explicou que as folhas, flores e frutas das árvores são utilizados para o feitio de alimentos e medicação para os que estão em refazimento na cidade ou em outras cidades espirituais, e também para os irmãos e irmãs do Plano Físico, sem que, na maior parte das vezes, percebam ou se deem conta do auxílio que recebem. Nesses casos, a medicação é colocada na água, suco ou leite do irmão ou irmã que está no Plano Físico.

A retirada dessas folhas, flores e frutas sempre é feita primeiramente com um agradecimento a Deus pela oferta da natureza por Ele criada. Depois, pede-se licença ao mundo da flora para a colheita, que sempre é feita, explicou vovó Quitéria, com parcimônia e respeito. Nada é retirado da natureza sem uma razão de ser e sempre com respeito às Leis de Deus.

Entre as florestas e as montanhas, há inúmeras pequenas casas nas quais residem muitos dos habitantes desta cidade espiritual e também há grandes construções com oito andares cada uma. As casas e construções emitem luz por toda a cidade e são esculpidas em pedras translúcidas e possuem as mais variadas formas e cores, muitas das quais desconhecidas no Plano Físico. A impressão é de que as construções fazem parte de toda a exuberante natureza. Em outras palavras: a sensação é de que as construções "nasceram" com a própria natureza.

– Ana, as construções surgiram com a própria natureza. Foram construídas pelos espíritos superiores iluminados fundadores desta cidade – falou-me vovó Quitéria.

E à frente de cada uma das grandes construções, cada qual com uma cor diferente, há uma placa na entrada que indica o trabalho ali desenvolvido. São elas:

- Diretoria da cidade espiritual "Nossa Senhora – Mãe de Jesus" (paredes com azul-celeste);
- Administração (paredes transparentes);
- Edifício de Recebimento de Irmãos e Irmãs recém-chegados do Plano Físico (violeta claro);
- Edifício de Refazimento de Irmãos e Irmãs (cor dourada, como raios do sol);[8]
- Edifício de contato e orações enviadas e recebidas por entes queridos, que estão no Plano Físico ou em outros planos ou cidades espirituais (cor lilás);
- Edifício de Decisões sobre novos nascimentos no Plano Físico (cor rosa);

---

8 Até então eu me encontrava em refazimento nesse edifício. (Nota da Ana.)

- Edifício de alfabetização (cor amarelo-clara);
- Universidade do Mundo Espiritual (cor desconhecida no Plano Físico), local onde são estudadas as mais variadas ciências que já existem no Plano Físico além daquelas que existem somente no Plano Espiritual; e
- Edifício de palestras, concertos, dança e teatro (cor azul-celeste).

E por toda a cidade há inúmeros pássaros coloridos que voam livremente e pousam com carinho em nossos ombros e mãos. Também há pequenos e grandes animais que correm e brincam soltos por toda a cidade em completa harmonia com os que aqui residem ou estão de passagem. Mas o incrível é que todos esses animais nos olham afetuosamente.

As pessoas utilizam a praça para orações, conversas edificantes, meditação, leituras e para admirar a natureza. Enfim, devo dizer: tudo por aqui é cativante. Mágico! E, depois de extasiar-me com tanta beleza e ao mesmo tempo simplicidade, vovó Quitéria mais uma vez pegou em uma das minhas mãos e me levou com a força do pensamento, para a minha surpresa, até o "Edifício de Refazimento de Irmãos e Irmãs" onde eu estivera e onde ainda se encontrava José, porém em uma ala diversa da minha.

Entramos no edifício e fomos recebidas pelo senhor Miguel, ou seja, o mesmo senhor que me auxiliou a analisar minha última vida nas águas daquela linda gruta onde me banhei. Não resisti e dei-lhe um grande abraço em agradecimento. Ele sorriu com carinho, desejou-nos boas-vindas e disse:

– Ana, trazemos você aqui neste momento, pois está recuperada. Foi capaz de analisar, enquanto se banhou nas águas da gruta, sua última vida, sem preconceitos ou qualquer julgamento. Seu coração é repleto de sentimentos nobres. Por isso está em condições de auxiliar o José.

Então, subimos sete lances de escadas, caminhamos por um longo corredor repleto de portas e paramos em frente a uma delas, que imediatamente se abriu a um pensamento do senhor Miguel. Entramos em um quarto com uma fraca iluminação azul bem clara e dez camas, cinco de cada lado, sobre as quais todos os pacientes dormiam.

Meu coração bateu mais forte. Vi o José. Estava muito pálido e não mexia um músculo sequer. Vez ou outra emitia altos suspiros e se contorcia com gritos de dor.

– Isso acontece – explicou o senhor Miguel – porque ele se recusa a acordar de um pesadelo criado por sua própria mente. O José acredita que ainda está no Plano Físico e que se abrir os olhos sofrerá mais chibatadas. Por isso se recusa a acordar. Encontra-se escravo de seu próprio medo.

E prosseguiu o Senhor Miguel:

– E tem mais, ele vê irmãos e irmãs que continuam a ser açoitados e a sofrer castigos na fazenda do seu pai, pois seu pensamento ainda está lá. E isso tudo faz com que seu sofrimento aumente mais. Ele acredita que tem obrigação de salvar a todos, mas ao mesmo tempo se sente incapaz disso, o que é motivo para mais desespero.

Continuou o Senhor Miguel:

– Por enquanto, estamos conseguindo mantê-lo por aqui, mas uma hora ou outra ele pode fugir para a fazenda a fim de tentar ajudar os escravos e as escravas. E, se isso ocorrer, seu livre-arbítrio terá de ser respeitado e, nesse caso, as coisas podem se tornar bem piores e mais difíceis para ele.

– E o que podemos fazer? Como eu posso colaborar? – perguntei.

– Primeiro, faça como eu e a vovó Quitéria: imponha suas mãos sobre o José. E com a força de sua mente e o amor que há em seu coração, peça a Deus, a Jesus e aos espíritos abençoados e iluminados responsáveis por esta cidade espiritual, que luzes de cura e paz inundem seu corpo espiritual.

Concentrei-me e todo o corpo do José ficou coberto por uma linda luz dourada. Pudemos sentir que seu coração se acalmou um pouco. Abriu os olhos, olhou-me com carinho e conseguiu esboçar um pequeno sorriso para, novamente, cair em profundo sono e continuar com seus pesadelos.

– Ana – explicou o senhor Miguel –, estamos trabalhando muito na recuperação do José, conforme a orientação dos espíritos iluminados superiores responsáveis diretamente pelo caso dele. Ainda não temos certeza, mas parece que ele nascerá novamente na Terra Física. No entanto, para isso, os espíritos iluminados pedem sua colaboração. Você aceita?

– Claro. Estou pronta. O que devo fazer?

– Primeiro vamos levá-la até a fazenda de seu pai e verificar a situação por lá. Depois retornaremos para cá e teremos a decisão dos espíritos iluminados sobre a melhor forma de contribuir para a melhora do José.

Assim, dei um beijo na testa do José, saímos do quarto e retornamos ao andar térreo do edifício. Caminhamos até um canteiro de flores na "Praça de Luz", posicionamo-nos em círculo de mãos dadas e, como em um passe de mágica, senti-me puxada e em segundos estávamos os três na sala da casa-grande da fazenda do meu pai.

O que vi foi muito triste. O ar da casa-grande estava negro com vultos disformes que mais se pareciam com horríveis e tenebrosos monstros. Vovó Quitéria esclareceu que esses vultos são irmãos e irmãs, desafetos do meu pai, que querem se vingar dele e se recusam a sair desse estado e também a receber auxílio dos espíritos de luz.

– Ana, além disso, há as formas-pensamentos criadas pelo seu próprio pai, pela sua mãe, pelos feitores e pelos escravos e escravas desta fazenda.

Fiz cara de interrogação e perguntei, em pensamento, o que seriam as tais formas-pensamentos.

– Ana, os pensamentos se materializam no Plano Espiritual e criam verdadeiras entidades artificiais. Por exemplo, se pensamos em alguém que está doente com amor, determinação e forte desejo de que se cure, nós geramos uma forma-pensamento. Essa forma-pensamento se dirige até essa pessoa e poderá influenciar a melhora ou a própria cura dela.

"E existe a opção inversa, ou seja, alguém tem o firme desejo e propósito de que uma pessoa sofra um acidente e fique gravemente ferida. A forma-pensamento é criada, dirige-se à pessoa e poderá influenciá-la a cometer alguma atitude que a leve ao acontecimento de um grave acidente.

"Porém, devo esclarecer que as formas-pensamentos somente atingem as pessoas que vibram na mesma sintonia que elas. Daí a extrema importância de nos mantermos com pensamentos elevados em Deus. E o meio mais importante para isso é orarmos com o coração e de modo verdadeiro. Não há necessidade de preces decoradas. A oração que chega a Deus, a Jesus e aos espíritos iluminados é aquela que fazemos com a pureza de nossos sentimentos.

"Ora, Jesus Cristo nos ensinou a importância de rezarmos e nos vigiarmos. Fazer uma prece é se conectar com Deus. E por 'vigiar' entendamos a necessidade de prestarmos atenção em nossos sentimentos, pensamentos e ações, de modo a não cometermos erros e sempre nos mantermos no caminho de Deus."

Senhor Miguel esclareceu:

– Seu pai, Ana, ainda trata cruelmente os escravos. Assim, a maioria deles lhe envia os piores pensamentos, que se transformam nas tais formas-pensamentos. E como seu pai vibra na sintonia dessas formas-pensamentos, deixa-se envolver e piora muito sua situação.

"E tem mais. As formas-pensamentos se misturam entre si. Atingem não somente o 'alvo', mas também alcançam todos que com elas se sintonizam. O que quero dizer é que, se eu estiver andando no meio de uma multidão, serei influenciado pelas formas-pensamentos que estão no ar ao meu redor. Caso uma pessoa, por exemplo, esteja com intenção de assassinar alguém, ela pode captar formas-pensamentos de outros que têm o mesmo desejo, e isso intensificará seu pensamento. Agora, se essa pessoa vai cometer ou não um assassinato, depende de seu livre-arbítrio.

"E quanto à duração de uma forma-pensamento, ela depende da potência com que foi criada e do estado de espírito do receptor. Por essa razão, mais uma vez digo: preocupemo-nos com nossos sentimentos e pensamentos que são de nossa inteira responsabilidade.

"Quanto mais elevados em Deus forem nossos sentimentos e pensamentos, menos seremos atingidos por formas-pensamentos destrutivas."

E vi meu pai, sentado na cadeira de balanço da casa-grande, envolto por espíritos e formas-pensamentos a cuspir nele, socá-lo, a proferir a ele xingamentos e chicoteá-lo. Ele não tinha consciência disso. Porém, era visível sua palidez, mal-estar, dores e várias feridas cheias de pus que surgiam por todo o seu corpo.

Assim, com intuito de auxiliá-lo, detivemo-nos em seus sentimentos e pensamentos. Não detectamos sentimentos nobres. Ao contrário, percebemos sentimentos de vingança contra todos os escravos e escravas, sobre quem ele ainda colocava a culpa por ter matado a filha Ana, eu. Daí justificar para si mesmo o modo cada vez mais cruel com que tratava os escravos e escravas. Dizia que todo castigo a eles infringido era pouco comparado ao que tinham feito a ele.

E em outra cadeira estava minha mãe, muito triste, a enviar pensamentos de revolta contra o meu pai. Ela estava envolta por irmãos e irmãs de outras vidas que a consideravam, ainda, uma inimiga, e riam diabolicamente de sua vida desgraçada, como diziam. E aqui esclareço que todos os espíritos com sede de vingança nessa sala não tinham condições de perceber a presença do senhor Miguel, da vovó Quitéria e da minha, pois estávamos em padrões vibratórios diversos. Mas, se desejássemos e fosse necessário, poderíamos nos fazer perceber.

Enquanto enviávamos luz para todo o ambiente, o feitor Ramiro entrou na sala e disse que tinha terminado o serviço das 25 chibatadas em uma escrava que, segundo meu pai, havia salgado a comida do almoço. O coronel Belarmino assentiu com a cabeça ao feitor e disse que para o dia seguinte escolheria outro escravo para castigar.

Minha mãe levantou-se da cadeira e, ao sentir muito ódio estimulado pelos espíritos vingadores, estapeou o rosto do meu pai. Ele ficou inerte e nem ao menos reagiu. A situação estava realmente muito triste; e aguardaríamos o anoitecer para conversar com a minha mãe, sinhá Rosa, durante seu sono e repouso do corpo físico.

Assim, dirigimo-nos ao quarto da sinhá Rosa ao anoitecer. Oramos a Deus, a Jesus e aos espíritos iluminados pela irmã sinhá Rosa e impusemos nossas mãos sobre seu corpo, que recebeu muita luz. Percebemos que ela serenou um pouco seus sentimentos e seu corpo espiritual levantou-se da cama e conseguiu perceber a presença da vovó Quitéria e do senhor Miguel, que preferiu que eu não me mostrasse, pois minha mãe estava muito fragilizada emocionalmente. Eu poderia atrapalhar o diálogo importante que ela teria com a vovó Quitéria.

– Vovó Quitéria, que saudades! Onde está minha menina Ana? Estou desesperada. Meu marido matou nossa única filha. Por favor, leve-me com a senhora. Eu não quero mais viver. Quero dormir e nunca mais acordar. Minha vida acabou. Minha filha morreu pelas mãos do próprio pai.

– Sinhá Rosa, sua menina está muito bem. Fique tranquila. Estou sempre com ela. Mas sua vida não acabou e jamais acabará. Você dorme em corpo físico e fala comigo com o corpo espiritual. Somos eternos. Querer morrer só piora as coisas. Só Deus sabe o momento da nossa morte do mundo físico.

"Mas saiba que existem, sim, inúmeros meios através dos quais a situação pode melhorar muito nesta fazenda. A melhora deve começar pela própria sinhá Rosa. Volte-se para Deus. Ore do fundo de seu coração para seu marido, veja-o como alguém doente e o perdoe. Perdoá-lo vai livrá-la de tanto sofrimento. O perdão fará mais bem à sinhá do que ao próprio coronel. Peça, ainda, a Jesus e aos espíritos iluminados que auxiliem o coronel a ouvir os bons conselhos do seu próprio anjo da guarda.

– Meu marido é o próprio demônio. Não tem mais solução.

– Todos, sem exceção, têm solução. Chegará o dia em que todos dos Planos Físico e Espiritual deste Planeta Terra serão espíritos perfeitos. Quanto ao seu marido, digo que ele se corrói de culpa de matar a filha e, também, por castigar cruelmente os escravos e as escravas. Ele sabe, no fundo da alma, que dessa forma age de modo contrário às Leis de Deus.

E prosseguiu vovó Quitéria:

– Na verdade, a situação dele, minha filha, é a pior de todos os que vivem nesta fazenda. Perdoe-o e ajude-o. Trabalhe no bem proceder para com os escravos e sirva de exemplo para seu marido. Mas agora, por favor, peço que tome este precioso líquido que lhe ofereço. Trata-se de um calmante que, além de fazer a sinhá se sentir serena, dará forças para prosseguir nesta vida que ainda demora muitos anos a findar, cheia de desafios, os quais a sinhá Rosa tem todas as condições de superar e muito bem.

Minha mãe tomou a medicação e uma sensação de paz e serenidade inundou seu coração. Ela finalmente conseguiu dormir plenamente, sem sobressaltos e pesadelos, pela primeira vez desde o dia da minha morte no Plano Físico. Na manhã seguinte, acordou e se recordava vagamente do sonho. Sentia-se bem-disposta e forte o suficiente para começar a trabalhar de verdade a favor dos escravos e das escravas. Orou para o coronel, para sua filha Ana e foi tomar o café da manhã com seu marido, o que não acontecia desde a morte da filha. O coronel fingiu que nada de anormal acontecia, mas por dentro ficou feliz de estar com a mulher a quem tanto amava.

– O senhor meu marido permite que eu vá até a cidade para fazer algumas compras? Gostaria que o senhor me acompanhasse. Preciso de tecidos para fazer um vestido novo e roupas para as escravas e para os escravos.

Meu pai olhou espantado e concordou com a cabeça. Sentiu-se aliviado por sua mulher finalmente querer sair de casa. Mas sua maior felicidade foi o modo carinhoso com que sua mulher lhe falou, embora não tenha demonstrado sua felicidade, já que ele havia aprendido desde pequeno que mostrar sentimentos era sinal de fraqueza e coisa de mulher.

– Mais uma coisa eu peço ao senhor meu marido: depois das compras, quero passar na igreja para confessar com o padre e ir à casa da dona Elzira para visitr ela e sua filha, Margarida, nossa afilhada.

Meu pai, mais uma vez surpreso, assentiu com a cabeça e minha mãe continuou:

– E como vamos passar o dia todo fora peço o favor de que por hoje não castigue nenhum escravo ou escrava – falou de modo carinhoso, porém firme.

Meu pai assentiu com a cabeça e deixou minha mãe mais espantada do que ele estava com ela. E assim foi feito. Ninguém foi castigado naquele dia. Os dois passearam o dia todo, e a sinhá Rosa prometeu a si mesma que, em homenagem à sua filha Ana, faria todo o possível para reverter a triste situação dos escravos e das escravas da fazenda. Nem que para isso fosse necessário reaproximar-se do marido e tentar perdoá-lo.

O tempo foi passando e, aos poucos, a sinhá Rosa voltou a falar com seu marido sem raiva. E como ele sabia o quanto sua mulher reprovava os castigos impostos aos escravos e às escravas, para não desgostá-la, resolveu diminuí-los drasticamente. Desse modo, todos na fazenda puderam "respirar" e sentir-se um pouco aliviados.

Por outro lado, a saúde do coronel se deteriorava a cada dia. As feridas já tomavam conta de quase todo o seu corpo e, com vergonha da doença, não saía mais do seu quarto. Permitia a entrada somente da sinhá Rosa, que levava comida, e do pai Benedito, de quem aceitava as orações, as benzeduras, os chás e os emplastros colocados diretamente sobre as feridas. Mas, além dos problemas físicos, o coronel passou a agir aos olhos de todos como se estivesse se tornando demente. Ele gritava de seu quarto que as feridas do seu corpo eram causadas por escravos e escravas que haviam morrido em razão dos castigos que sofreram a seu mando na fazenda.

Afirmava que esses escravos e escravas saíam vivos de onde estavam enterrados e o perseguiam noite e dia para se vingarem. Além disso, falava que escutava monstros a sussurrarem nos ouvidos que ele jamais teria o perdão de Deus por ter matado a própria filha.

– E o que eu devo fazer para ajudar meu pai, os escravos e as escravas da fazenda que vivem no Plano Físico e os que se encontram no Plano Espiritual, escravos de suas vinganças? – perguntei para a vovó Quitéria e ao senhor Miguel.

– Ana – explicou o senhor Miguel –, como você pode observar, durante todo o tempo em que estivemos a trabalho nesta fazenda, muitos irmãos e irmãs se arrependeram de suas atitudes, desistiram de suas vinganças e aceitaram ser auxiliados pelos espíritos de luz. Porém, como você pode observar, ainda há muitos irmãos e irmãs escravizados pelos seus próprios sentimentos de ódio. Por esses, vamos continuar orando de modo a pedir auxílio a Deus, a Jesus e aos espíritos iluminados superiores da cidade espiritual "Nossa Senhora – Mãe de Jesus". Saiba que, com a graça de Deus, teremos muito trabalho pela frente.

"Mas por hora", falou o Senhor Miguel, "aguardemos seu pai dormir para estudarmos o local para onde seu espírito é levado durante o sono e saberemos, pelos espíritos iluminados, o que pode ser feito em auxílio a ele e aos irmãos e irmãs que estão em sofrimento."

Escravos e escravas de suas próprias culpas e vinganças

Já era madrugada quando meu pai, exausto, caiu em sono profundo em uma poltrona de seu quarto. Imediatamente seu corpo espiritual desprendeu-se do seu corpo físico.[9] Um grupo de espíritos de escravos e escravas – alguns mortos no Plano Físico e outros que ainda vivem no Plano Físico –, enquanto dormiam, com intuitos de vingança, amarraram meu pai com cordas espirituais e o levaram para um lugar aterrador.

Acompanhamos o grupo sem sermos vistos ou notados, já que as vibrações são diversas. E rapidamente chegamos a uma enorme construção disforme, da qual saíam várias pontas como se fossem lanças. Tudo na cor cinza-escuro e preto. O senhor Miguel me disse que o nome dessa construção é "Reduto de Vingança de Vítimas da Escravidão".

Aproximamo-nos do muro dessa cidade e a um comando de um dos vingadores um feixe se abriu e entramos. Arrepiei-me dos pés à cabeça com o quadro desolador que vi. E o senhor Miguel e a vovó Quitéria, ao sentirem minha aflição, envolveram-me com uma luz azul celeste para mais proteção e pediram que meu pensamento estivesse constantemente em oração com Deus, com Jesus e os espíritos iluminados superiores da cidade espiritual "Nossa Senhora – Mãe de Jesus", os quais, aliás, nos acompanhavam e auxiliavam nessa tarefa a todo instante.

9 No momento em que o corpo espiritual se desprende do corpo físico, ambos os corpos ficam ligados um ao outro pelos umbigos espiritual e físico. (Nota da Ana.)

A vovó Quitéria e o senhor Miguel solicitaram-me, também, que me abstivesse de julgar quaisquer irmãos ou irmãs daquele lugar e que tivesse compaixão por eles, uma vez que, na verdade, estavam todos doentes. Assim, elevei meu pensamento a Deus e a Jesus, roguei ajuda a eles, aos espíritos superiores coordenadores da cidade "Nossa Senhora – Mãe de Jesus" e olhei com amor e carinho para aqueles irmãos e irmãs.

Entramos na "cidade". O ar rarefeito, pesado e gélido era cinza. Só não sufoquei e consegui respirar e suportar o mau cheiro em razão do pensamento em Deus, da proteção do senhor Miguel e da vovó Quitéria. Além disso, também usava uma capa feita na cidade espiritual "Nossa Senhora – Mãe de Jesus", que continha energias de proteção enviadas pelos espíritos superiores iluminados coordenadores dessa cidade.[10]

O que vi foi algo desolador e muito difícil de descrever em palavras. Havia inúmeros irmãos e irmãs acorrentados pelos pés e mãos, sujos de lama, com feridas abertas com pus e sangue espalhadas pelo corpo. Eles rastejavam sobre o terreno lamacento. Alguns gritavam, blasfemavam e proferiam palavras de baixo calão. Outros não tinham forças para esboçar qualquer som. Todos eram obser-

---

10 Nesse momento, embora eu estivesse em condições de auxiliar nos trabalhos no "Reduto de Vingança de Vítimas da Escravidão", meu campo vibratório era menos intenso que o do senhor Miguel e da vovó Quitéria. Desse modo, para que eu realizasse o trabalho com todo o meu potencial, foi necessário que eu vestisse a capa que menciono no texto. Espíritos mais evoluídos, como o senhor Miguel e a vovó Quitéria, não necessitam de qualquer tipo de capa. Eles são protegidos pela própria luz que irradiam. Porém, saliento que não basta a qualquer irmão ou irmã usá-la. Mesmo com ela, em primeiro lugar há necessidade de manter os pensamentos em Deus. O que quero dizer é que se, por exemplo, um espírito vingador ali estivesse com a capa, ela não surtiria qualquer efeito de proteção. (Nota da Ana.)

vados por uma espécie de soldados que lhes desferiam chicotadas a todo instante, aleatoriamente.

Entre esses irmãos e irmãs rastejantes, encontramos proprietários e comerciantes de escravos, capitães-do-mato e feitores que não vivem no Plano Físico e ainda aqueles que se encontram em vida no Plano Físico e são capturados pelos trabalhadores desta cidade e trazidos durante o sono.

Há também irmãos e irmãs que são considerados traidores pelos dirigentes da cidade, pois acreditam que essas pessoas defendiam ou ainda defendem o homem branco. Entre esses "traidores", havia aqueles que ainda vivem no Plano Físico e são trazidos durante o sono e os que já deixaram a Terra Física.

– Ana – falou a vovó Quitéria –, todos que aqui estão, nesta triste situação, vibram na mesma sintonia.

– Na verdade – disse o Senhor Miguel –, todos os irmãos e irmãs desta cidade, sejam eles vingadores ou vingados, são escravos de suas próprias vinganças e culpas. Aliás, aquele que tem como objetivo de vida a vingança, seja no mundo físico ou espiritual, de fato, não vive. Está o tempo todo preocupado com a vida daquele a quem persegue e se esquece de viver a própria existência em prol de seu aperfeiçoamento espiritual e felicidade.

– E aqueles que insistem em se corroer de culpa – prosseguiu o senhor Miguel – tornam-se presas fáceis dos vingadores, pois, nesse estado de espírito, não perdoam a si próprios e acreditam que não são merecedores do perdão e auxílio de Deus.

– Mas – prosseguiu a vovó Quitéria – no momento em que há o despertar da consciência para o verdadeiro e sincero arrependimento de atitudes, acompanhado do pedido de perdão e auxílio a Deus, os obreiros de Deus atendem imediatamente ao chamado e proporcionam a devida assistência ao irmão ou irmã, para que tenham a oportunidade de começar uma nova vida e evoluir espiritualmente.

E continuou a vovó Quitéria:

– Veja, Ana, esta cidade foi construída por irmãos e irmãs que foram escravos e escravas na Terra Física na região da fazenda de seu pai. Alguns vagavam há séculos pelo mundo espiritual. Outros perambulavam por menos tempo, mas todos estavam a perseguir aqueles que consideravam seus algozes. Recusavam e ainda recusam a ajuda de Deus através de seus trabalhadores iluminados e, assim, resolveram se reunir e, com as vibrações de seus pensamentos, ergueram esta desolada e triste cidade. E assim como esta existem várias outras cidades espirituais com a mesma sintonia de vibração.

– Esses irmãos e irmãs não entendem ainda – prosseguiu o Senhor Miguel – que, ao persistirem em atos de vingança, se tornam escravos de si mesmos. E veja, Ana, que os dirigentes desta cidade ao escravizarem irmãos e irmãs optam por agir exatamente da mesma forma que os seus antigos senhores e senhoras de escravos. O resultado disso tudo é que geram para si mais e mais sofrimentos, débitos espirituais e muitas culpas até resolverem mudar o rumo das atitudes e seguir em direção a Deus.

– Lembremos – ressaltou vovó Quitéria – as lições de Nosso Senhor Jesus Cristo: façam aos seus irmãos e irmãs filhos de Deus o que gostariam que eles lhes fizessem e tratem todos os homens como gostaria que eles os tratassem. Quando aprendermos a agir dessa forma, os sofrimentos que existem nos Planos Físico e Espiritual da Terra deixarão de existir.

– Percebo – comentei – que o sofrimento por aqui é ainda maior do que aquele das fétidas e infelizes senzalas do Plano Físico. Sinto isso no coração desses irmãos e irmãs que rastejam e nos próprios algozes desta cidade.

– Sim – falou o senhor Miguel – o sofrimento por aqui é muito maior que no Plano Físico. No mundo espiritual o espírito está livre e não consegue esconder seus sentimentos "debaixo" do corpo carnal. Os sentimentos no Plano Espiritual são totalmente aflorados, desnudados e sentidos verdadeiramente. Daí o sofrimento ser maior.

– Além disso, veja este lugar – disse a vovó Quitéria –, é desolador. A luz abençoada do sol não entra nesta construção. As casas, dispostas em círculo, são pretas sobre um terreno lamacento, sujo de fezes e urina humanos. E ao centro desse círculo de casas há inúmeros troncos, iguais aos da Terra Física, utilizados para castigo dos que estão sendo vingados.

Olhei tudo e vi que havia várias pessoas amarradas nos troncos sendo chicoteadas, entre as quais senhores e senhoras de escravos que reconheci como proprietários de fazendas vizinhas a do meu pai, além de feitores que eram responsáveis pelos castigos dos escravos. Além dessas pessoas, havia também antigos colaboradores dos dirigentes desta cidade. Isso porque eles pensaram em desistir de suas vinganças, mas não tinham coragem para tal. Entretanto, assim que seus sentimentos eram descobertos, passavam a ser tratados como escravos. Naquela cidade havia uma lei: jamais desistir da vingança!

O meu pai foi levado pelo grupo de escravos e escravas que o mantinham amarrado para uma das casas com uma placa na entrada: "Assuntos da Fazenda do coronel Belarmino". Senhor Miguel explicou que cada uma das casas dentro da cidade se dedicava às vinganças contra o proprietário de escravos e escravas de uma fazenda específica.

Entramos em um enorme saguão em formato de círculo com duas grandes escadas, uma de cada lado. Subimos três lances da escadaria do lado esquerdo, deparamo-nos com um corredor com várias portas e uma pessoa em frente a uma delas que aguardava o grupo que estava com meu pai. Aproximamo-nos dessa pessoa, e orei a Deus para que ela recebesse ajuda. Reconheci como sendo o Josué, morto por feitores da fazenda do meu pai após sua segunda tentativa de fuga.

Ele estava com a aparência horrível. Todo sujo, com lama pelo corpo, sem dentes, roupas em farrapos, com a cabeça disforme e cheia de sangue pelas pancadas que havia recebido ao deixar a Terra Física. Percebi que ele sentia muitas dores por todo o corpo e principalmente na cabeça. De todo modo, em pensamento, ele abriu a porta e pediu que o grupo entrasse.

Entramos em um enorme salão com uma única poltrona preta ao centro e uma multidão ao redor. Sentado nessa poltrona estava um irmão com roupas pretas, botas e punhais na cintura. Seu rosto, desfigurado, possuía um olho aberto e o outro costurado, além de enormes cicatrizes. Triste de ver. Dizia-se rei. Soube pelo senhor Miguel que esse homem ordenava a todos que o chamassem de Lutalo, pois esse era o seu nome quando morava no continente africano. Dizia ele que tinha sido rei em sua terra, Angola, entretanto fora capturado por comerciantes de escravos, trazido ao Brasil e comprado por meu bisavô, ou seja, avô do meu pai.

O feitor da época disse ao seu dono, meu bisavô, que ele era indolente. E por esse motivo meu bisavô ordenou que o Lutalo fosse torturado até a morte. Por essa razão, ele se intitulou o principal responsável por toda e qualquer vingança que se relacionasse com a fazenda do meu pai. E o Lutato pediu que colocassem meu pai na sua frente e arrancassem-lhe a camisa. Assim foi feito.

– Muito bem, as ferida do coroné está "pior" desde a úrtima veiz qui ele aqui esteve e vão ficá ainda pior dispois que ele acordá na Terra – gritou o "rei" para depois desabar em uma sinistra gargalhada ao mesmo tempo que fez surgir do ar, à sua frente, uma pequena caixa contendo bichos brancos horríveis parecidos com lesmas[11] com cerca de 10 cm cada.

Alguns dos que trabalhavam para o Lutalo fizeram com que meu pai ficasse de cócoras, o Lutalo abriu a tal caixa e esparramou os "animais" sobre todo o corpo do coronel. Foi pavoroso ver. Os "animais" entravam por todos os orifícios do seu corpo, comiam vorazmente as feridas e soltavam uma espécie de gosma sobre todo o corpo. E isso fazia com que o coronel gritasse e se contorcesse desesperado de dor. Enquanto isso, a multidão dava risadas completamente desequilibradas e sentia um prazer mórbido. Nunca havia visto algo tão aterrador. O pior castigo infligido a alguém na Terra era suave perto do que vi naquele triste e desolador local.

Elevei meu pensamento a Deus, a Jesus, aos espíritos superiores iluminados e roguei ajuda ao coronel, ao Lutalo e a todos ali presentes. Em poucos segundos se fez um silêncio absoluto no recinto e o coronel, como que por encanto, desapareceu do lugar. Porém, um dos presentes disse ao Lutalo que começava a duvidar de seus poderes, já que o coronel havia conseguido voltar ao corpo e fugir do castigo.

– Ah! Tá duvidando dos meu poder! O coroné acordou na Terra. Assim qui ele dormi de novo, nóis péga ele e traiz prá cá, e os castigo vão sê pior. Mais vamo vê se meus poder tão enfraquecido como ocê diz. Ordeno que amarrem esse aqui, qui duvida dos meu poder e vamo fazê cum ele o mesmo que acabamo de fazê cum o desgraçado do coroné! Disse o Lutalo, que foi prontamente obedecido pelos seus "escravos".

---

11 Na Terra Física, as lesmas têm sua função ecológica no meio ambiente. Assim, são extremamente importantes devendo, portanto, ser respeitadas como criaturas de Deus. Não é o caso dos animais presentes na caixa do "rei". Nesse caso, esses seres são invenções diabólicas desse irmão que, no momento que se passa a história, as materializou no mundo espiritual. (Nota da Ana.)

Mais uma vez pedi ajuda a Deus, a Jesus e aos espíritos iluminados. Vovó Quitéria, o senhor Miguel, os irmãos e irmãs que lá estavam conosco em trabalho e eu nos demos as mãos em círculo e rezamos por todos que se encontravam naquela triste e desoladora "cidade".

E, quanto ao meu pai, digo que ele conseguiu voltar rapidamente ao seu corpo físico e acordar por merecimento. Ele foi auxiliado pelos espíritos iluminados trabalhadores da cidade espiritual "Nossa Senhora – Mãe de Jesus", já que diminuíra drasticamente os castigos impostos aos escravos e escravas e permitia que minha mãe, embora ela não soubesse disso, tratasse dos escravos com o Pai Benedito durante as madrugadas. Ao agir assim, ele se permitiu receber as vibrações das orações encaminhadas por todos, ou seja, pela vovó Quitéria, pelo senhor Miguel, por mim e pelos irmãos e irmãs que estavam conosco a trabalhar em auxílio aos irmãos e irmãs da cidade "Reduto de Vingança...".

O senhor Miguel, a vovó Quitéria e eu retornamos para o quarto do meu pai na fazenda. Ele gritava desesperadamente para que tirassem os bichos que estavam comendo suas feridas em suas costas. Minha mãe apareceu correndo. O dia já estava clareando. Olhou meu pai, sentiu piedade dele e decidiu mais uma vez procurar a ajuda do Pai Benedito. Saiu em disparada até um local na mata próximo à senzala e o encontrou em oração com seu olhar sempre sereno e bondoso.

– Se achegue sinhá. O sofrimento tá grande. Sofre todos que tão aqui como os que já tão do lado dos esprito. Muita mardade, muita vingança, revorta e muito sangue foi e ainda tá sendo derramado. Mas Deus e Nosso Senhô Jesus Cristo ajuda nóis o tempo todo. Confia na luz de Nosso Senhô Jesus Cristo. Nóis temô que tê muita fé. Vamo orá e pedi a ajuda de Deus.

– Pelo amor de Deus, Pai Benedito. O que podemos fazer? O coronel enlouqueceu. Agora deu para falar que tem bichos a comer-lhe as feridas do corpo.

– Ele sente curpa pela morte da menina Ana e pelos castigo nos escravo e escrava. Tá cum o corpo fraco pelas chaga. As chaga mostra cumu tá a alma dele, qui tá cheia de chaga. Mais issu tudo tá acuntecendo pra meiorá o coração do coroné, que ainda tá duro demais. Mais nóis num pode perdê a fé, sinhá Rosa. Hoje vai tê lua cheia. A noite vai tá clara. E nóis escravo e escrava vai fazer uma reza forte pra Deus e Nosso Senhô Jesus Cristo pros castigo acabá de veiz nesta fazenda e o coração do coroné meiorá e se arrependê dos castigo que faiz nus escravo e nas escrava. Se a sinhá quisé, nóis aguarda a sinhá escapuli da casa-grande de madrugada pra vir rezá cum nóis.

Assim, ao cair daquela noite, com o coronel completamente alcoolizado, foi fácil para a sinhá Rosa ir até a senzala. Lá, como sempre fazia, pediu aos feitores que abrissem os cadeados da senzala e a deixassem entrar. Então, eu fiquei impressionada com a atitude de minha mãe, que, de modo firme e ao mesmo tempo carinhoso, falou aos escravos:

– Meus irmãos e minhas irmãs: primeiramente peço mais uma vez perdão pelo sofrimento que vivem. Vim aqui hoje para orar a Deus, a Jesus e aos santos de vocês para que o coronel deixe entrar Deus e Jesus em seu coração e, por consequência, acabe de uma vez por todas com todo e qualquer castigo nesta fazenda.

"E para começar, peço ao feitor Malaquias que solte os escravos que estão presos ao tronco do lado de fora desta senzala, tire as correntes dos escravos e escravas presos dentro desta senzala e não prenda ninguém novamente depois que eu sair daqui. Não quero mais esses castigos nesta fazenda."

– A sinhá enlouqueceu? O coroné acaba cum nóis. Num podemo fazer isso – respondeu o feitor Malaquias.

– Eu não estou pedindo, Malaquias. Eu estou ordenando. Soltem todos os escravos que estão presos e não os prendam novamente. Depois eu me entendo com o senhor meu marido coronel Belarmino.

E para assombro de todos, assim foi feito. O Malaquias resolveu não discutir com a sinhá Rosa, que a cada dia dava mais ordens na fazenda devido ao precário estado de saúde do coronel. Depois disso, o Pai Benedito pediu que todos, inclusive a sinhá Rosa, sentassem de modo a formar um círculo e postou-se no meio de todos para dar início à oração.

– Mais o coroné num tem jeito não. Nóis num sabe o que fazê. Tamo cansado demais – falou uma das escravas ali presentes.

– Meus fio e minhas fia – falou Pai Benedito, a quem todos respeitavam –, muita coisa vai mudá nessa fazenda. Não de agora pra agora. Vai levá tempo ainda, mais vai mudá pra miór. É preciso ter muita fé em Deus, Nosso Senhô Jesus Cristo e nos esprito iluminado.

E continuou...

– Perto de nóis, mais não no nosso mundo, e sim no mundo dos espritos, tem uma cidade muito triste que foi feita por muitos irmão e irmã nosso que trabaiam somente na vingança. O coração deles sangra mais que de nois. Muitos fios, fias, pais, mães, irmãos, irmãs e amigo e amiga de ocês vévi lá. Eles morreu nesta fazenda e nas fazenda da vizinhança com muito sofrimento cumo ocêis sabe. Só que hoje sofrem muito mais que nóis por causa que só pensam em vingança. O lugar que eles vive é muito pior que essa senzala. Aqui é o Paraíso perto do lugar que eles tão. Nóis precisa pedir pra eles pararem com isso, se vortá pra Deus e segui a vida nas Lei de Deus, pra arcançá a Luz e a felicidade.

"Vamo pedi pras falange dos esprito iluminado enviado de Deus pra ir nesse triste lugar ajudá todos irmão e irmã que lá vivem e têm sede de vingança.

"E vamo pedi pra esses esprito ajudá tumbém os irmão e irmã que tão sendo vingado. E mais uma coisa. Eu sei que aqui ninguém gosta do coroné e dos feitô que castiga e martrata os escravo e as escrava. Mais vamo pedi pra Deus e Jesus colocá amor nos coração deles pra eles miorá. Nóis precisa perdoá. Eles tão doente demais."

Com exceção das palavras do Pai Benedito, o silêncio era completo. E, conforme o Pai Benedito falava, uma luz azul-celeste emanada por espíritos iluminados foi envolvendo-lhe todo o corpo e logo mais toda a senzala. Os feitores saíram correndo de medo, pois o fenômeno pôde ser visto por todos. E pelo menos naquele instante de oração uma sensação de paz e esperança brotou no coração dos irmãos e irmãs escravizados na fazenda. Naquela noite, foi possível dormir um pouco melhor.

E, antes de se retirar, a sinhá Rosa pediu para ir até a mata com o Pai Benedito pegar ervas para tratar as feridas dos escravos. Depois foi até a casa-grande pegar comidas, doces, pães e água e levou tudo até a senzala. Ordenou aos feitores que somente chamassem os escravos para o trabalho depois do meio-dia, pois eles precisavam de descanso.

E os primeiros raios de sol despontavam quando a sinhá entrou na casa-grande e viu o coronel largado na poltrona de seu quarto completamente alcoolizado. Portanto, ele levaria horas para sair daquele torpor e não descobriria que os escravos somente iriam ao trabalho após o meio-dia.

Sinhá Rosa, então, dirigiu-se ao seu quarto, olhou a imagem de sua santa de devoção, Nossa Senhora, e acendeu uma vela para agradecer a Deus, a Jesus e à Santa por todo o ocorrido naquela noite. Sentiu o coração mais leve. A esperança por dias melhores retornou ao seu coração e, assim, adormeceu serenamente abençoada por anjos iluminados. E ela nem fazia ideia do poder e da força das orações feitas naquela senzala, que ajudaram, e muito, para que uma verdadeira transformação ocorresse na cidade espiritual "Reduto de Vingança de Vítimas da Escravidão".

Corações libertos

Após as orações na senzala, o senhor Miguel, vovó Quitéria e eu retornamos à cidade espiritual "Nossa Senhora – Mãe de Jesus" e nos dirigimos ao lindo edifício lilás denominado "Sala de contato e orações recebidas por entes queridos que estão no Plano Físico ou em outros planos ou cidades espirituais".

Entramos na construção, com a força do pensamento subimos sete lances de escada e nos deparamos com um belo salão com cerca de 200 cadeiras estofadas lilases. E, como nós, várias pessoas chegavam e se sentavam. Após poucos instantes, todos os lugares estavam ocupados. Fez-se silêncio no recinto, trazendo sentimentos de paz ao coração de todos ali presentes.

Então, uma música primorosa começou a tocar. Vovó Quitéria explicou que a música que ouvíamos é a linguagem dos anjos. Elevei meu pensamento a Deus e a Jesus e senti que todos naquele local faziam o mesmo. Oramos juntos em silêncio. Agradecemos a Deus, a Jesus e aos espíritos iluminados superiores pela oportunidade de estarmos ali, naquele momento, reunidos em nome de Deus.

Rezamos para que a luz de Deus chegasse ao coração dos homens nas Terras Física e Espiritual para que a escravidão fosse de vez erradicada. Pedimos que muita luz, com força e coragem, fosse enviada para todas as senzalas e também que a luz do discernimento sobre o entendimento de que um homem não tem o direito de escravizar outro penetrasse no coração e cérebro dos defensores da escravidão. Solicitamos, ainda, assistência para os irmãos e irmãs da cidade "Reduto de Vingança de Vítimas da Escravidão", mesmo porque todos naquele salão possuíam pessoas queridas naquele lugar.

E assim, em oração e concentração, vimos surgir por todo o salão, acima de nossa cabeça, anjos iluminados e abençoados. Anjos que se mostravam como índios, negros, brancos, pretos velhos, pretas velhas e caboclos. Tudo muito lindo. Luzes brancas e brilhantes em formato de gotas começaram a cair sobre nós. E, para minha grata e feliz surpresa, reconheci em um desses pretos velhos o amado Pai Benedito.

Ele parou no centro do salão sobre nossa cabeça, olhou-nos de modo terno e carinhoso, impôs suas mãos na direção de todos os presentes e nos emitiu, através de seus dedos, luzes na cor violeta clara que preencheram todo o nosso corpo. Olhei com dúvida para o senhor Miguel que, em pensamento, rapidamente explicou que o Pai Benedito estava ali desprendido do seu corpo físico.

– O Pai Benedito – explicou o senhor Miguel – é um ser angelical que, devido ao seu alto grau de evolução, não necessitaria mais nascer no Plano Físico da Terra. Porém, tendo em vista seu amor a Deus e ao próximo, caridosamente aceitou nascer na Terra Física no corpo de um escravo negro. E isso para mostrar aos homens a humildade. Veja... Ao nascer na condição de escravo e ao mesmo tempo possuir um profundo conhecimento da vida, ele mostra aos seres humanos que o valor do homem está em seus sentimentos e ações e não em sua cor de pele, posição social, religião, nacionalidade ou opção sexual. O Pai Benedito, Ana, passa fome, sofre todo tipo de humilhações, maus-tratos e privações. Veste-se com farrapos e dorme sobre a terra batida. Entretanto, de seus olhos somente vemos irradiar amor e ternura. Possui amor incondicional ao próximo, seja ele negro, vermelho, branco, mulato, rico ou pobre de bens materiais. É tolerante, humilde, calmo e não tem qualquer sentimento de revolta ou desejos de vingança. É sábio quanto às questões das vidas espiritual e física. E a todos auxilia indistintamente, sempre com palavras doces e carinhosas, rezas, benzeduras e com os remédios que faz a partir do que encontra em plantas, folhas e flores. Você sabe, Ana, que todos na fazenda do seu pai têm respeito pelo Pai Benedito, inclusive o coronel Belarmino, que não tem coragem de olhar nos olhos dele todas as vezes que ordena que os escravos sejam castigados. Isso porque, embora seu pai não admita, o olhar do Pai Benedito reflete sua alma iluminada, fazendo despertar a "semente" da consciência em seu pai e lhe mostrando que possuir escravos e tratá-los com crueldade significa agir de modo contrário às Leis de Deus. E tem mais: embora seu pai ainda considere os negros como "coisas", o coronel nem se dá conta de que pede conselhos ao Pai Benedito, que é seu escravo, deixa-se por ele benzer e acredita no poder de seus medicamentos com as ervas. Isso significa que, ao pedir ajuda ao Pai Benedito, seu pai, embora inconsciente, desce humildemente do pedestal que criou para si mesmo e se coloca na posição de um irmão mais novo a pedir conselhos. No momento que seu pai trata o Pai Benedito com respeito e dignidade, sua alma caminha para o entendimento de que todos, independentemente da cor da pele, são filhos do mesmo Pai. É um começo.

E sem mais tempo para esclarecimentos, silenciamo-nos para ouvir as palavras do Pai Benedito, que nesse momento passou a falar corretamente:

– Meus irmãos e irmãs, é uma honra e felicidade enorme poder estar aqui com vocês neste momento de orações em nome de Deus, de Jesus e dos espíritos iluminados. Elevemos nossos pensamentos a Deus, a Jesus e aos espíritos iluminados, obreiros de Deus, e agradeçamos a oportunidade de estarmos aqui reunidos na mesma sintonia de vibrações de amor e caridade.

"Meus irmãos e irmãs, são milhares as orações que partem do coração daqueles que ainda se encontram no Plano Físico e também daqueles, como vocês, que vivem, neste momento, no Plano Espiritual.

"Através dessas orações, os irmãos e as irmãs solicitam auxílio para seus entes queridos revoltos e com desejos de vingança por terem sido escravizados e castigados barbaramente na Terra Física. Oram, também, familiares dos proprietários de escravos e feitores que se encontram escravizados no mundo espiritual ou sofrem obsessão no Plano Físico por irmãos e irmãs que já foram seus escravos.

"Meus irmãos e irmãs, saibam que todas as orações verdadeiras e feitas do fundo do coração chegam até Deus, que jamais, em momento algum, abandona ou desampara quem quer que seja. Ao rezarmos, conectamo-nos com Deus e atraímos bons espíritos para que nos deem excelentes conselhos, a fim de que sigamos pelo melhor caminho nas Leis de Deus.

"Muitos acreditam que não há necessidade de orarmos, pois Deus tudo sabe. Realmente, Deus tudo sabe, mas Ele nos concedeu o livre-arbítrio de escolhas e ações para, através de nosso próprio mérito, seguirmos em direção à evolução espiritual. Portanto, estamos subordinados às consequências de nossos pensamentos, decisões e atitudes. E ao orar recebemos infinitas bênçãos de Deus, como sermos intuídos no melhor proceder para conosco e com nossos irmãos e irmãs, filhos do Pai Celestial.

"Por exemplo, um homem está perdido em uma floresta, já sem forças, machucado, com muita fome, sede, e pede do fundo de sua alma auxílio a Deus. Essa ajuda chega, por exemplo, por meio de um anjo protetor que lhe sugere, em pensamento, que siga por determinada direção, onde encontrará um rio com água pura para beber e árvores com frutas a lhe saciarem a fome.

"Esse homem tem algumas opções de atitudes para escolher sob a Lei Divina do Livre-Arbítrio. Ele pode reunir coragem, suas últimas forças, e seguir na direção indicada pelo anjo protetor a fim de encontrar o rio e as árvores com frutas. Assim, agradece a Deus por tê-lo ouvido em suas preces. Ele pode ainda não agradecer a Deus e acreditar firmemente que a decisão quanto à escolha do caminho coube somente a ele (homem) e que Deus nada tem a ver com isso. Ou, ainda, deixar-se abater, permanecer no mesmo local, colocar-se na posição de vítima e dizer que Deus não ouve seus apelos.

"Isso quer dizer, irmãos e irmãs, que é necessário o pedido de ajuda a Deus e a partir daí ajudar-se. Ora, Jesus nos deixou a maravilhosa lição 'ajuda-te que o céu te ajudará'. Façamos, portanto, nossa parte.

"Porém, devo salientar ainda que pedir a Deus nem sempre significa sermos atendidos. Isso porque Deus é quem sabe o que é melhor para cada um de nós, seus filhos. Por exemplo, uma criança que arde em febre pede a sua mãe para tomar banho de chuva com seus amiguinhos. Sabedora de que a chuva prejudicará ainda mais o estado de saúde do filho, a mãe não permite. E existem, também, situações cujas soluções não estão ao nosso alcance. Nesse caso, como sempre, Deus está também a nos auxiliar ininterrupta e incessantemente!

"E quanto a vocês, amados irmãos e irmãs, neste abençoado recinto, solicitam, através de sinceras orações, instruções de como colaborar com os irmãos e irmãs da cidade espiritual 'Reduto de Vingança de Vítimas da Escravidão', para que possam despertar para as Leis de Deus de amor e caridade e deixarem de ser escravos de suas próprias vinganças e culpas.

"Saibam que todos os seus pedidos foram analisados, caso a caso, pelos dirigentes da cidade 'Nossa Senhora – Mãe de Jesus'. E com a permissão de Deus é chegado o momento de uma intervenção direta de cada um de vocês em auxílio desses nossos irmãos e irmãs, pois já são, neste momento, merecedores dessa ajuda, já que eles aceitam a possibilidade de recebê-la, vibram na sintonia para que o trabalho que ora os convido a realizar ocorra.

"Há, portanto, muito trabalho a ser feito por todos nós. E antes que passemos as instruções, elevemos mais uma vez nossos pensamentos e sentimentos a Deus e a Jesus e peçamos paz aos habitantes do Planeta Terra, quer estejam no Plano Espiritual ou Físico."

Nesse momento, senti uma paz indescritível. Percebi com o coração que todos os presentes enviavam seus pensamentos a Deus, a Jesus e aos espíritos iluminados e senti completa sintonia de vibrações. Até que algo incrível aconteceu: fachos de luz rosa saíram do coração de todos e iluminaram o salão. Lindo! Ao passo que a imagem do Pai Benedito transformou-se em um ser angelical com um corpo translúcido e vestes límpidas a irradiar tanta luz que era impossível focar sua imagem ininterruptamente.

Nesse momento, não era mais possível distingui-lo como homem ou mulher em virtude de seu elevado grau espiritual. Espírito muito elevado, explicou a vovó Quitéria através de seu pensamento, não tem sexo, cor, religião, nacionalidade, posição social. "Espírito é espírito." "Espírito é amor." "Porém nós, no grau de evolução em que ainda estamos, enxergamo-nos ora em um corpo de homem, ora como mulher, ora como índio, negro, branco, e por aí vai...".

Silenciamos, pois o ser angelical solicitou a todos em pensamento que orássemos. Pedi a Deus que enviasse muita paz ao meu pai, à minha mãe, ao José e aos irmãos e irmãs escravizados nas fazendas do Brasil. Roguei a Deus que os fachos de luz rosa que saíam de meu coração fossem direcionados diretamente para aqueles a quem amo e também a todos os escravos, escravas, feitores, senhoras e senhores proprietários de escravos do Brasil. Para minha gratidão e surpresa, tive a nítida visão de que os fachos de luzes eram direcionados diretamente ao coração e cérebro de todos. Era inacreditável essa visão. Nunca imaginei que fosse possível.

E o ser angelical, Pai Benedito, começou, com muito amor, a falar a todos por pensamento sobre como seria a ação de auxílio aos moradores, frequentadores e escravizados da cidade "Reduto de Vingança de Vítimas da Escravidão":

– Seremos divididos em grupos e seguiremos acompanhados pelas falanges de anjos de luz que lá já trabalham. Cada grupo prestará assistência para determinados irmãos e irmãs. Ao chegarem lá e na hora da ajuda, reconhecerão o grupo de pessoas que receberão seus respectivos auxílios. Mantenham-se todo o tempo em oração, com os pensamentos elevados a Deus e a Jesus. Abstenham-se de julgar quem quer que seja e enviem luz nas cores dourada, rosa, verde, lilás, violeta e azul-celeste aos irmãos e irmãs que sofrem na cidade "Reduto de Vingança...".

Assim, o ser angelical Pai Benedito conduziu a formação dos grupos, cada qual com cerca de 30 pessoas assistidas por cinco espíritos superiores de luz. Todos os grupos foram levados, através da força do pensamento dos espíritos superiores de luz, para uma espécie de carro – não os de boi, como conhecia na Terra Física, mas um carro aéreo enorme, com várias cadeiras muito confortáveis. Impressionante.

Rapidamente chegamos ao "Reduto de Vingança...". O carro parou sobre a triste construção. Cada grupo saiu acompanhado da respectiva falange de luz. Pairamos todos no ar. Estávamos todos envoltos em uma luz violeta e foi-nos pedido que enviássemos luz, com toda a força do coração, e iluminássemos toda a construção.

Assim foi feito, e algo impressionante aconteceu. Tanta luz de amor foi dirigida à construção que ela se desintegrou por completo e se transformou em uma espécie de "caixa" parecida com cristal, envolta em um campo eletromagnético de proteção na cor violeta, de modo a impedir que qualquer irmão ou irmã saísse de dentro daquela "caixa" de luz.

O "rei", os vingadores e vingados, muito assustados, correram de um lado ao outro até caírem em exaustão sobre o piso que parecia feito de cristal, porém extremamente macio e acolhedor. Nesse momento, enviamos mais luz àqueles irmãos e irmãs a pedido dos espíritos de luz, e aos poucos todos começaram a se acalmar. Assim, cada grupo de trabalho se dirigiu aos irmãos e irmãs que lhes foram confiados.

Todos os grupos, em constante oração e com a força do pensamento, deitaram cada um dos irmãos e irmãs do "Reduto..." em uma maca, limpando-os energeticamente e vestindo-os com roupas brancas, limpas e perfumadas. Cada qual tomou um líquido de energias sutis de calmante, amor e carinho. Algum tempo depois, quando todos estavam em paz, o Pai Benedito falou em pensamento a cada um dos que viviam ou frequentavam o "Reduto de Vingança...":

– Meus irmãos e irmãs, elevemos nossos pensamentos a Deus e agradeçamos por esta oportunidade de resgate. É chegado o momento abençoado de repensarem suas atitudes e sentimentos. É chegado o momento de perdoarem aqueles que consideram seus algozes e, assim, libertarem o coração. É chegado o momento de pararem com vinganças e se tornarem livres para viver e evoluir espiritualmente. É chegada hora de perdoarem a si mesmos. É chegado o momento de pedirem perdão para que sejam perdoados. Todos estão convidados a escolherem o caminho de Deus e darem curso a escalada rumo à perfeição espiritual.

– Vejam, à frente de cada um aparecerá um quadro. Mas esse quadro é diferente. Não é um desenho estático. Ele mostra várias imagens. Essas imagens são inúmeras situações de várias vidas que vocês já viveram no Plano Físico da Terra. Com essas imagens, todos terão a oportunidade de entender os motivos pelos quais, hoje, acreditam que devem vingar um do outro.

Conforme as imagens passavam, vários choravam e pediam para parar, pois é muito difícil enxergar a si mesmo tomando atitudes contrárias às Leis de Deus. Porém as imagens não paravam, pois se os irmãos e irmãs as recebiam é porque tinham amadurecimento suficiente para tal. Além disso, as imagens eram terapêuticas. E no momento em que a tela foi retirada, o ser angelical Pai Benedito perguntou quem gostaria de acompanhar os obreiros de Deus para cidades espirituais de refazimento.

Graças a Deus e para nossa alegria, a maioria quis ser levada, inclusive o rei. Estavam cansados de viver com objetivos de vingança e queriam, do fundo do coração, começar uma nova vida nas Leis de Deus. Digo isso, pois tínhamos condições de sentir os sentimentos de cada coração. E a "caixa" de luz foi desfeita.

Desse modo, cada grupo acompanhado de espíritos iluminados superiores levou os irmãos e as irmãs sob suas respectivas tutelas à cidade espiritual "Nossa Senhora – Mãe de Jesus", além de outras que trabalham e vibram na mesma sintonia. Porém, uma pequena parcela de irmãos e irmãs, embora fingisse uma mudança, não se conformava com a destruição do "Reduto de Vingança..." e insistia em continuar com as mesmas atitudes.

Mais uma vez esses irmãos e irmãs foram convidados pelos seres iluminados a repensarem suas atitudes. Alguns cederam, outros fugiram com a força de seus pensamentos para outras cidades espirituais como a que já não mais existia – "Reduto de Vingança...". Alguns ainda vagam pelo espaço até hoje, e outros retornaram às antigas fazendas em que foram escravos para continuarem suas vinganças. Vários desses voltaram à fazenda do meu pai para continuar a obsessão sobre ele.

A decisão: Mais uma nova oportunidade de vida

O grupo do qual o senhor Miguel, a vovó Quitéria e eu fazíamos parte dirigiu-se à cidade "Nossa Senhora – Mãe de Jesus" com os irmãos e irmãs por nós assistidos e que foram recebidos pelos abnegados colaboradores do "Edifício de Refazimento de Irmãos e Irmãs". E, após esse maravilhoso trabalho, que nenhum cansaço me fez sentir, já que eu estava bem adaptada ao mundo espiritual, o senhor Miguel e a vovó Quitéria me convidaram para que fossemos ao "Edifício de Decisões sobre novos nascimentos no Plano Físico" a fim de conversar com a senhora Cândida, uma das responsáveis pelos trabalhos ali, sobre os próximos acontecimentos que me aguardavam.

Dirigimo-nos ao referido local. Subimos com a força dos nossos pensamentos sete lances de escada. Andamos por um longo corredor e ao final entramos por uma porta em uma sala muito aconchegante cheia de flores, que mais se parecia com um belo jardim com suave aroma no ar. Fomos recebidos amorosamente pela senhora Cândida e convidados a sentar em cadeiras ao redor de uma mesa no centro da sala. Uma tela surgiu à nossa frente para nos mostrar a situação do amado José e, mais uma vez, o estado dos acontecimentos na fazenda do meu pai. Isso para que, depois de estudadas tais situações, medidas fossem tomadas.

Fiquei assustada e senti o coração apertar, uma vez que a aparência do José estava bem pior do que da última vez que eu o havia visto. Ele parecia um cadáver, e seus pesadelos estavam ininterruptos. Elevei meu pensamento a Deus e a Jesus, orei e pedi que os espíritos iluminados enviassem luz ao José.

E sua imagem desapareceu no telão para dar lugar à imagem de minha mãe sinhá Rosa. Vi que ela tinha realmente se transformado em uma maravilhosa defensora dos escravos e seu corpo passou a irradiar uma linda luz cor-de-rosa.

– Agora, Ana – falou a senhora Cândida –, observe que as feridas de seu pai começaram a sumir e seus obsessores estão mais calmos. Isso porque ele diminuiu drasticamente a imposição de castigos aos escravos e escravas e faz "vista grossa" quanto às atitudes de sua mãe em socorrer os escravos. Trata-se, portanto, do momento propício para que seu pai se torne pai novamente e mais uma etapa de vida se inicie para ele e todos na fazenda.

E continuou a senhora Cândida com ternura:

– Desse modo, Ana, os espíritos iluminados que coordenam esta abençoada cidade "Nossa Senhora – Mãe de Jesus" têm a permissão de Deus, nosso Pai, para lhe sugerir e ao José que reencarnem outra vez na fazenda de seu pai para a evolução espiritual de todos.

Levei um susto. Tremi o corpo todo. Senti o coração disparar. Voltar à Terra Física? Lembrei de todo o sofrimento que por lá passei na última vida e, em um primeiro momento, pensei em recusar. Porém, em instantes, pedi perdão a Deus pelo meu egoísmo. Caí de joelhos e agradeci a Ele pela oportunidade de poder voltar ao Plano Físico a fim de aprender a superar mais desafios. E, com a ajuda de Deus, de Jesus e dos espíritos iluminados da cidade espiritual em que me encontrava, prometi a mim mesma que faria o melhor que pudesse.

A senhora Cândida, o senhor Miguel e a vovó Quitéria me levantaram, abraçaram-me, e recebi muita força do nobre coração de cada um deles para a futura vida na Terra Física que estava prestes a ocorrer. Eles me disseram que estariam o tempo todo ao meu lado a me intuir em como melhor agir e que confiasse em mim mesma, pois tinha plenas condições de superar as lições que teria na Terra Física.

A partir daí, as coisas aconteceram de modo muito rápido. Quando eu e José nos demos conta, chorávamos muito alto para, pela primeira vez, respirar através de nossos pulmões, em uma nova vida no Plano Físico, que teve início no ano terreno de 1791.

Fui colocada nos braços de minha mãe, que em poucos instantes se afrouxaram, pois ela partiu para o mundo espiritual, e só não caí porque outros braços igualmente carinhosos me acolheram e colocaram meu pequenino e frágil corpo sobre a palha do chão de terra batida da senzala.

De repente percebi um enorme barulho na senzala. Era o coronel Belarmino, que entrou feito um furacão atrás de sua esposa, a sinhá Rosa. Ele estava pronto para brigar com ela e chamá-la de irresponsável. Isso porque ela havia saído da casa-grande, naquela madrugada, com oito meses de gestação. E naquele dia o céu anunciava uma grande tempestade, que acabou caindo sobre a fazenda, o que fez com que a sinhá Rosa ficasse retida na senzala. E para sua surpresa, ela começou a sentir as dores do parto, e o bebê acabou por nascer ali mesmo naquela madrugada.

Meu pai olhou para os dois bebês recém-nascidos sobre a palha, um menino e uma menina, ou seja, o José e eu. Desviou rapidamente o olhar do menino, pegou-me no colo e me levantou no ar todo orgulhoso. Disse que finalmente sua Ana estava de volta no corpinho daquele bebê. De repente, um silêncio foi feito no local.

– Coroné, esse bebê não é do sinhõ e da sinhá Rosa não. É da escrava Léa e do inglês que veio visita o sinhô tempo atrais. Ele forçô a menina Léa a se deitá com ele. Ela acabô cum criança na barriga e partiu pro mundo dos esprito ao dar à luz. Oia a Léa aqui, ela num vevi mais aqui na Terra. Agora ela é um esprito – falou o Pai Benedito.

– O que você diz não é verdade – gritou o coronel. – Essa criança que carrego nos braços é minha e da senhora minha esposa, sinhá Rosa.

– Senhor meu marido, Pai Benedito está certo. A criança que você carrega é a filha da Léa e do inglês. O menino é que é o nosso filho. Um varão, como o senhor sempre sonhou em ter!

– É minha filha e ponto final. Ela é branquinha igual leite, e não negra igual café torrado como esse menino.

– Coroné – explicou o Pai Benedito –, as criança tão roxinha. Os parto foi cumpricado. Num dá pra dizê, ainda, se são branca ou nêga.

Meu pai silenciou. Olhou para mim e para o menino detidamente. Percebeu que eu não era tão branquinha assim. Enquanto que o menino, dava para começar a perceber, era branco feito leite.

Sentiu como se um soco fosse dado em seu estômago. Estava atônito com seus sentimentos e perguntava a si mesmo: "Como posso sentir afeição pela menina, filha de uma negra, e sentir repulsa por meu próprio filho?".

– Não pode ser! Não gosto do menino. Ele não é meu – insistiu meu pai.

– Senhor, meu marido. Este é o nosso menino. O senhor me ofende profundamente ao desconfiar que o menino não seja seu. De todo modo, a menina está órfã e será criada como nossa filha. Seu nome será Ana em homenagem a nossa amada filha que se foi...

– Enlouqueceu senhora minha esposa? Eu não vou permitir criança negra sendo criada como branca na casa-grande e, muito menos, que tenha o nome da minha filha Ana. A menina saiu das entranhas da escrava Léa. Portanto, é aqui que a menina vai viver, como todos os outros escravos – disse meu pai, porém ainda comigo em seus braços.

– Senhor meu marido. Sem a menina não volto para a casa-grande. As duas crianças serão criadas como irmãos. E tem mais. Nosso menino vai se chamar José.

Ao ser pronunciado o nome "José", meu pai deu alguns passos para trás. Sentiu náuseas e uma leve tontura. O nome "José" estava proibido de ser pronunciado na fazenda. Todos os escravos que também tinham esse nome foram obrigados a se mudar. Isso porque o coronel tentava a todo custo esquecer que havia atirado em mim porque eu tentara salvar o José, que estava no tronco.

Porém, para espanto geral, meu pai concordou com todos os pedidos da minha mãe. Na verdade, meu pai não entendia o que ocorria com ele. Acreditava estar enlouquecendo, já que sentia afeição pela escrava que acabara de nascer e asco pelo próprio filho, um recém-nascido que nada havia feito contra sua pessoa. Como poderia ter tais sentimentos? Ele se questionava em profundo desespero.

E desse modo as duas crianças e a sinhá Rosa foram levadas à casa-grande. Sinhá Rosa sentia-se muito feliz, pois Deus lhe havia confiado duas crianças, as quais ela prometeu cuidar com muito amor, carinho e disciplina. Mas estranhava o fato de sentir pela menina o mesmo amor que sentia pelo seu filho José.

Tanto é que a sinhá Rosa amamentou a mim e ao José por nove meses. Fato esse, aliás, que desagradou muito o coronel, pois ele e sua esposa foram banidos completamente da sociedade local. Ora, uma sinhá amamentar uma filha de escrava foi um verdadeiro escândalo à época. E isso foi motivo de muita vergonha e desgosto para o coronel, que começou a pensar no que fazer para mudar essa situação. Nesse momento, seus obsessores começaram a intuí-lo a tomar alguma medida drástica contrária às Leis de Deus, e enquanto isso, eu e o José crescíamos fortes e saudáveis. Ele com a pele bem branca igual leite e eu com a pele negra como café e olhos verdes, os quais chamavam a atenção de todos pela beleza e, principalmente porque eram exatamente iguais aos olhos da sinhazinha Ana, que havia morrido baleada pelo próprio pai.

Durante 12 meses o coronel jamais se aproximou do José. E, quanto a mim, observava de longe. Ele tinha um medo terrível do sentimento de amor que nutria para comigo, que para ele era uma vergonha. "Onde estão seus brios, homem?", perguntava-se. E para acabar de vez com esse "problema", instigado pelos espíritos obsessores, ordenou ao feitor Tonho que desse fim à minha vida.

Ficou combinado que na noite seguinte, enquanto a sinhá Rosa dormia, o feitor me pegaria do berço e daria um jeito de me matar, e após dar a ordem, meu pai não teve mais sossego com seus pensamentos. Ele escutava as vozes do senhor Miguel e da vovó Quitéria que lhe diziam para não cometer mais uma vez o crime de matar a própria filha. Mas preferiu não dar ouvidos a essas vozes, pois acreditava que só poderia ser loucura de sua própria cabeça, já que a menina não era sua filha, e sim, uma negra escrava. Optou por ouvir seus obsessores que, rindo diabolicamente, o intuíram a seguir adiante com seus propósitos.

Desse modo, fui raptada do quarto da sinhá Rosa pelo Tonho sem qualquer dificuldade, pois o coronel havia colocado ervas calmantes no chá da sinhá Rosa e, também, na minha comida e na do José. Todos nós dormíamos profunda e serenamente. Fui levada mata adentro pelo feitor Tonho que, ao abrir os panos que me cobriam, viu meus olhos bem abertos e recuou alguns passos para trás. "Como posso matá essa menina? Ela me dá medo. Como uma nêga pode tê os óio verde? Deve sê coisa do diabo ou talvez de Deus", pensava o feitor ao mesmo tempo que sentia calafrios. E distraído não viu o Pai Benedito se aproximar.

– Me dá a menina, Tonho. Ocê num vai matá ela não. Ocê tem amor no coração – falou Pai Benedito, com seu jeito carinhoso, porém firme.

– Não me assusta véio desgraçado! O que ocê tá fazendo aqui? Como descobriu que eu táva aqui? – falou o feitor sem coragem de olhar nos olhos do Pai Benedito.

– Meu fio, por favô, dá a menina pra eu cuidá dela.

– Negô véio que adivinha tudo, ocê sabe que o coroné mando eu matá a menina. Só tô obedecendo ordem. A curpa num é minha.

– Eu desconfiei das intenção do coroné desde o dia que ele pois os óio na menina. Dispois, o coroné acabou me confessando. Arguma coisa me dizia que ele ia fazê isso hoje. Fiquei escondido aqui no mato de modo a oiá a casa-grande. Vi quando ocê saiu da casa-grande cum a menina nos braço. Me dá a menina. Eu sei o que fazê cum ela. Ocê num vai tê corage de fazê mardade cum a menina.

– Eu num sô frouxo. Eu mato sim essa coisa ruim. E ordeno que me dê uma de suas erva. Uma delas há de matá a menina bem rápido.

– Me dá a menina. Vâmo sarvá a menina. Oia pra ela, meu fio. Parece um anjinho. Ocê num vai tê essa corage! Ocê tem Deus no coração.

– Ordeno que me dê suas erva senão te ponho no tronco até morrê. E quero uma erva que mata rapidinho. Vai busca suas erva que eu espero.

– Filho, eu só uso as erva pra curá – falou Pai Benedito, ao mesmo tempo que clamou ajuda a Deus, a Jesus e aos espíritos iluminados.

Pai Benedito levantou as mãos aos céus, fez com que o feitor olhasse em seus olhos e lágrimas no rosto do feitor começaram a escorrer.

– Eu num aguento mais esta vida ruim, Pai Benedito. Meu serviço é sujo. Ganho uma miséria pra castigá os escravo e as escrava. Eu sô um perdido, fio do coisa ruim. Matá mais um num vai fazê diferença pra eu.

"Só que eu nunca matei criança tão pequena, Pai Benedito. Mais se o coroné descobre que eu num matei a menina, ele é que vai me matá. Meu Deus Nosso Senhô Jesus Cristo, eu num tô com coragem de matá a menina. Tô ficando frouxo. Nunca fui assim. O que tá acuntecendo comigo? Tô molenga. Acho que a curpa é sua, véio desgraçado. São suas reza que tão me deixando frouxo. Véio bruxo."

– Ocê tá sem coragem de matá a menina por causa de que tem luz no coração. Corage home, sarva a menina e dexa ela vivê. Dá a menina pra eu que eu sei o que fazê cum ela. Vorta pra casa-grande e avisa o coroné que ocê já deu cabo da menina e tumbém enterrô o anjinho no meio do mato.

– O que ocê vai fazê cum a menina? Tem que escondê muito bem. Se o coroné discobre que eu menti ele mata eu.

– A menina vai sê entregue ao casal que vende tecido pra sinhá Rosa. Eles passa aqui treis vez no ano. Ocê sabe que eles passou aqui na fazenda faiz uns sete dia. Eles tão escondido na mata. Eu pedi, e eles tão esperando eu entregá a criança. Eles num pode tê filho. Os dois era escravo e forum arforriados. Eles é livre e nunca mais vão vortá pra essas banda. Fica tranquilo. Os dois vai levá a menina pra bem longe daqui e cria ela. Deus tá oiando pro cê, meu fio, e Deus te abençoe a caridade que tá fazendo. Deus tudo vê meu amigo.

Rapidamente o feitor me entregou para o Pai Benedito e, sem olhar para trás, saiu em disparada em direção à casa-grande. Ao subir as escadas para entrar, ouviu a gritaria da sinhá Rosa desesperada com o sumiço da menina. Todos na casa estavam em polvorosa e nem perceberam a chegada do feitor, com exceção do coronel, que sorrateiramente saiu da sala e foi até a escada encontrá-lo.

– Serviço feito, homem?

– Sim sinhô, coroné. Tudo certo. A menina já tá nos quinto dos inferno, conforme o sinhô ordenô.

– Fala baixo, homem, ou quer que alguém descubra? E tem mais: você está despedido. Não quero mais você aqui, homem nojento.

O feitor Tonho olhou atônito para o coronel e, sem que ele tivesse tempo de terminar de descer as escadas, dois matadores de aluguel contratados do coronel o agarraram, levaram-no para o meio do mato e, com uma pancada certeira na cabeça, mataram-no. O coronel não queria deixar nenhum rastro do crime. E a partir daí o coronel não teve mais sossego e sua consciência estimulada pelos espíritos obsessores o acusava a todo instante de ter matado mais uma vez sua própria filha. Revoltado com seus pensamentos, o coronel descontava seu ódio nos escravos, e os castigos que estavam escassos voltaram com força total, apesar dos apelos da sinhá Rosa, que pelo menos continuou a auxiliar os escravos durante as madrugadas.

Mas a sinhá Rosa nunca se conformou com o sumiço da menina e fez tudo o que pôde para encontrá-la. Jamais desconfiou do marido, que, fingindo, se mostrava preocupado e empenhado na busca pela menina. Até que 20 anos se passaram...

Duas almas afins que se reencontram

Cresci na cidade de São Paulo. Tinha 20 anos de idade. Transformara-me em uma linda moça. A pele negra, cabelo todo cacheado até a altura da cintura e maravilhosos e brilhantes olhos verdes. Meus pais adotivos, Josefa e Francisco, criaram-me com o maior carinho possível. Foram maravilhosos comigo. Minha mãe conseguiu uma professora para me ensinar a ler e a escrever e outra para que eu aprendesse a tocar piano. Digo a palavra "conseguiu" porque naquela época o preconceito contra negros era imenso e encontrar professores para me ensinar não foi uma tarefa fácil.

Porém, minha mãe Josefa, muito persistente, conseguiu os professores, e isso com o total apoio do meu pai Francisco. Fui feliz durante esses 20 anos com meus maravilhosos pais adotivos. Recebi muito amor, carinho e respeito. Nunca soube do passado da minha vida na fazenda do coronel Belarmino. Eu acreditava que era filha biológica deles.

Até que começaram a aparecer manchas pelo corpo do meu pai e da minha mãe. Desesperados, percebemos que estavam com lepra. Os vizinhos logo descobriram a doença. Chamaram a polícia, que os retirou à força de casa e os levou para o leprosário. Mas não sem antes rasgarem minha roupa para certificarem-se de que eu não tinha a doença, e embora eu tenha implorado para ser levada junto com meus pais, tal pedido me foi veementemente negado.

Tinha a sensação de estar vivendo um pesadelo e corri para a janela de casa para, pela última vez naquela vida, ver meus amados pais. Mas que me adiantaria viver sem meus pais? Eu pensava no momento que os olhos de minha mãe, da carroça em que fora colocada, a me dizer bem alto, com que lhe restava de forças, de modo que eu pudesse ouvi-la:

– Filha amada. Benção da minha vida. Você é corajosa, tem fibra. Persevere em sua fé em Deus e siga sua vida em busca de fazer o bem ao próximo. É isso que lhe peço. Eu e seu pai te amamos muito, minha querida. Nem pense em morrer. Você tem muito ainda para fazer neste Brasil. Fique com Deus e Jesus para todo o sempre!

Chorei desesperadamente ao ouvir as palavras de minha mãe, e, quando dei por mim, os vizinhos me retiraram à força de minha casa, jogaram-me no meio da rua e ordenaram que eu sumisse, já que eu poderia, sim, estar com a tal doença e passar para eles e seus familiares. Fiquei paralisada ao ouvir tudo aquilo até que, com pontapés e socos, saí correndo desenfreadamente e sem destino. Corri o mais rápido que pude até cair exausta sobre o chão da rua. "O que farei sem meus pais? O que será da minha vida? Quero morrer", pensava. "Deus me leve, por favor", supliquei.

Fiquei caída na rua por poucos minutos até que um comprador de escravos me viu, levantou-me bruscamente e terminou de rasgar meu vestido para deixar meus seios totalmente à mostra. A vergonha foi indescritível. Levou-me ao centro de uma praça, onde escravos e escravas eram comprados e vendidos. Vários homens se aproximaram de mim e lances começaram a ser dados para que eu fosse vendida.

Eu e mais uns 20 escravos fomos comprados por um único comerciante que representava um rico senhor de escravos. Fomos jogados em uma enorme carroça para sermos levados à fazenda do tal comprador. Íamos sacolejando, e como não paravam a carroça para fazermos nossas necessidades fisiológicas, as fazíamos ali mesmo na frente de todos. O cheiro era insuportável e não sei precisar por quanto tempo já estava naquela carroça quando, de repente, apareceram uns 15 homens com máscaras a cobrir todo o rosto, com exceção de seus olhos, montados cada qual em um cavalo.

Esses senhores mascarados apontaram armas para os quatro homens que guiavam a carroça e os renderam. Saímos rapidamente da carroça, desamarraram as cordas que prendiam nossas mãos e entramos em outra carroça sob as ordens dos mascarados. Soube pelos escravos que os mascarados salvavam escravos e escravas e os levavam para refugiarem-se em quilombos. E era exatamente isso que estava acontecendo. Mas a carroça em que estava corria tanto que, sem conseguir me segurar, caí, bati a cabeça em uma grande pedra e não vi mais nada.

Acordei zonza. Percebi que estava com outro vestido, que não aquele até então rasgado, limpa e deitada no chão de algum lugar sobre algo macio. Uma mulher se aproximou de mim e perguntou se eu estava bem. Olhei assustada. O que fariam comigo agora? Não consegui dizer nada devido ao meu pavor.

– Não sinta medo. Estou aqui para lhe ajudar. Meu nome é Isabel. Você está em um esconderijo de escravos e escravas fugitivos. Estamos dentro de uma caverna na floresta. Daqui a levaremos para um quilombo. Um dos mascarados te salvou de ser pisoteada pelos cavalos depois que você caiu da carroça. E como ele não conseguiu te colocar novamente na carroça, pois ela estava sendo perseguida por capitães-do-mato, com muita sorte ele conseguiu salvá-la e trazê-la para cá.

Olhei meio desconfiada. Naquele ponto não dava para confiar em ninguém. Mas eu resolvi aceitar a água e o pedaço de pão que ela me ofereceu.

– Por que você está me ajudando? – perguntei receosa.

– Porque sou contra a escravidão.

– Mas eu não sou escrava. Sou alforriada. Sou livre.[12]

– Infelizmente cartas de alforria mal têm validade no Brasil. E você estava sendo vendida na praça.

Enquanto falávamos, um moço entrou abruptamente e, ofegante, disse:

– Os outros escravos e as escravas que estavam escondidos aqui já fugiram. Falta essa que está com você, Isabel. Vamos, que não há tempo a perder. Conseguimos ser avisados a tempo de que vários capitães-do-mato descobriram este esconderijo e estão chegando para nos pegar. Temos que fugir, Isabel! Fuja! Seu cavalo a espera do lado de fora desta caverna.

Reuni todas as forças que me restavam e tentei correr para fora da caverna. Mas caí ao chão. Estava zonza devido à batida da cabeça na pedra. Olhei com desespero para o moço, que, rapidamente, me pegou no colo e praticamente me jogou sobre seu cavalo, e saímos em disparada mato adentro.

O cavalo correu velozmente por cerca de uns 40 minutos e, aos poucos, diminuiu a velocidade, pois a mata começava a ficar fechada. Continuamos nossa jornada por mais cerca de uma hora e meia. O cavalo estava exausto e, como o moço estava certo de que tínhamos conseguido fugir e de que o lugar onde estávamos era seguro, resolveu dar um descanso ao pobre animal. O dia já amanhecia.

Descemos do cavalo e o moço pediu que eu ficasse ali, pois ele iria buscar água de um riacho próximo, frutas das árvores, e logo estaria de volta. Assenti com a cabeça e percebi que podia confiar

12 Nesse momento eu não sabia que a carta de alforria que meus pais adotivos diziam ser minha era um documento falso. Na verdade eu ainda era escrava do coronel Belarmino, uma vez que havia nascido em suas terras e era filha de uma mulher que havia sido sua escrava antes de morrer. (Nota da Ana.)

nele. Tive impressão de que o conhecia de longa data. Mas não sabia precisar de onde. Resolvi descansar e, sem perceber, adormeci. Acordei com ele a me oferecer água e frutas. Lembrei-me de que meu estômago estava completamente vazio e comi as frutas com muito gosto.

– Agora beba esta água. Vai lhe fazer bem.

E foi aí que, pela primeira vez, olhei os olhos do moço e meu coração disparou. "Quem será ele?", pensei. "Que estranhos meus sentimentos. Por que meu coração disparou de emoção por um moço que eu acabei de conhecer? Vai ver que é porque ele me salvou", pensei.

Resolvi aceitar a caneca com água que ele oferecia e perguntei:

– O que quer comigo? Por que resolveu me salvar e também aos outros escravos e escravas?

– Que tal começarmos pelo começo? Qual é seu nome? Por favor, antes de qualquer coisa, peço que não tenha medo de mim. Você só está aqui comigo porque não teve como levá-la ao quilombo. Você caiu da carroça. Lembra-se?

Assenti com a cabeça e ele continuou com sua conversa.

– Meu nome é José. Eu estudo na cidade de São Paulo.

– Você parece ser rico. É branco. Estuda. Por que ajuda escravos e escravas a fugirem? Perguntei ao mesmo tempo que desviei o olhar. Era difícil encará-lo, pois meu coração não me obedecia e disparava.

– Sou contra a escravidão. Meu pai, coronel Belarmino, é escravocrata. É proprietário de muitas terras, escravos e escravas. Ele diz que, sem escravos, vai à falência. Brigamos desde que eu me entendo por gente. Ele nunca gostou de mim nem eu dele. Jamais me chamou de "filho" com um mínimo de afeição, assim como eu também nunca o chamei de "pai" com sentimentos de amor de um filho para com um pai. Por isso, quando completei nove anos, ele me mandou para a cidade de São Paulo estudar em um colégio interno. Ele disse que eu iria conhecer vários filhos de fazendeiros escravocratas e que eu mudaria minhas ideias. E desde então somente passo as férias e as festas de Natal na fazenda. E agora que tenho 20 anos minhas idas à fazenda estão cada vez mais escassas. Somente não deixo de ir para lá de vez pela minha mãe, a quem amo demais.

"Acontece que em São Paulo eu não só não mudei minhas ideias contra a escravidão como as fortaleci. Daí foi um passo para eu entrar no grupo de mascarados, que também, diga-se de passagem, são filhos de escravocratas que salvam ou pelo menos tentam salvar os escravos e as escravas. Somos todos muito amigos e unidos por um mesmo ideal.

"Mas deixe-me mudar um pouco o assunto. É estranho, porém tenho a forte sensação de conhecer você de longa data. Já vi seus olhos verdes em algum lugar que não me lembro. Mas ainda não sei seu nome. E pelo que percebo, você tem estudo. Fala corretamente."

– Meu nome é Ana – e contei minha história até chegar ali.

– A conversa está muito boa, mas temos que partir. Com certeza os capitães-do-mato ainda estão à nossa procura. Vamos aproveitar que está anoitecendo para partir. No escuro, estaremos mais seguros. Vou levar você para o quilombo. Lá você ficará em segurança.

Montamos no cavalo e seguimos pela mata que o José conhecia como a palma de sua mão, pois vivia por ali para esconder escravos e escravas. E, se não fosse pela nova situação que eu vivia, sem meus amados pais e a fugir de um comerciante de escravos que havia me comprado para um fazendeiro, diria que estava feliz por estar tão próxima desse moço chamado José. "Estranho", pensava. "Ele me emociona e não consigo entender o motivo disso. Parece que eu o conheço de longa data. Sentia sua respiração muito próxima e as batidas de seu coração."

E, no ponto em que estávamos da floresta, a mata não era tão fechada. Assim foi possível olharmos o céu coalhado de estrelas. Um encanto!

– As estrelas são obras de Deus, Ana.

Assenti com a cabeça e pedi a Deus que auxiliasse meus pais e agradeci por Ele ter colocado o José em meu caminho. Naquele momento eu não fazia a mínima ideia do meu destino. Mas o importante é que eu estava viva! Senti forças e uma paz indescritível apesar da situação. Senti mais uma vez a respiração do José muito próxima a mim. Espontaneamente deitei minha cabeça sobre seu peito. Sentia-me leve como uma pluma. Ele parou o cavalo, levantou minha cabeça carinhosamente com as mãos, olhou em meus olhos e nossos lábios se tocaram em um mágico e maravilhoso beijo que eu jamais esqueci...

CAPÍTULO X

Os quilombos e as revelações

Encantados com o momento, nós admirávamos o céu quando escutamos tiros, gritaria e uma enorme fumaça a subir pelos ares.

– Ana, o quilombo foi atacado. A fumaça vem de lá. Vamos ter que nos esconder no meio do mato e aguardar. Não há como nos aproximarmos neste momento, pois, além de não podermos salvar ninguém sozinhos, seríamos capturados.

Assim, esperamos o amanhecer e, no momento que José acreditou ser seguro, seguimos para o quilombo. A tristeza do que eu vi é difícil de descrever em palavras. Corpos mutilados e/ou carbonizados de homens, mulheres, crianças e bebês. O quilombo estava todo destruído pelo fogo espalhado pelos capitães-do-mato. O ar estava com cheiro de morte.

Porém, do lado espiritual, falanges de espíritos iluminados auxiliavam a todos que aceitavam ajuda. A maioria aceitou, entretanto, houve aqueles que se recusaram a seguir com a luz e decidiram ficar para se vingarem. E intuída pelo senhor Miguel e por vovó Quitéria, juntei todas as minhas forças e comecei a procurar por sobreviventes, ao que fui seguida por José. Quando já estávamos praticamente sem esperanças de encontrar alguém com vida, José escutou um suspiro. Corremos e José reconheceu Cido, que havia sido escravo da fazenda de seu pai, tinha fugido e dado como morto.

– Que bom vê-lo, Cido. Fico muito feliz que esteja vivo. Todos na fazenda acreditam que você morreu durante sua fuga – falou José.

– Consegui vivê dispois da fuga e agora dispois do fogo – respondeu o Cido com muita dificuldade. Nasci duas veiz, sinhozinho José.

Pusemos muitas folhas sob sua cabeça de modo a levantá-la e fazer com que ele respirasse melhor. Estava com o corpo quase todo queimado. Demos um pouco de água, e ele conseguiu falar mais uma vez:

– Nóis foi atacado de madrugada. Os capitão du mato[13] veio di surpresa. Tinha capitão du mato de tudo que é coroné. Até do vosso pai, sinhozinho José. Os homê chegô atirando pra todo lado e colocarum fogo em tudo que tinha pela frente. Antes di pô fogo, capturaram os hôme mais moço e forte e as menina em idade de ter criança na barriga e levaram cum eles. Num tiveram dó nem piedade. Os bebê, as criança, as muié veia e os véio foi morto tudo com tiro no peito ou na testa. Os que num levarum tiro, morreram cum o fogo e virarum carvão.

"O sinhozinho José precisa tumá cuidado. Os capitão du mato falarum que vão pegá os mascarado. O sinhozinho José corre perigo cum seus amigo. Se vosso pai discobre que o sinhozinho sarva escravo, ele máta voismecê sem dó nem piedade. O sinhozinho tem que tumá cuidado. O sinhozinho arrisca a vida por demais. Mais agora nóis precisa avisá os outro quilombo. Os homê tão indo atrais dos outro quilombo. Nóis tem que avisá nossos irmão. E... Ocêis tem que sarvá as criança que conseguiram fugi e tão escundida no mato. Ocêis vão achá as criança. É só precurá."

E essas foram as últimas palavras do Cido, que se deixou adormecer nos braços da vovó Quitéria e, muito agradecido, permitiu que o levasse para a cidade espiritual "Nossa Senhora – Mãe de Jesus".

Olhei para José, que chorou muito e deixou-se cair ao chão.

---

13 Capitão-do-mato era o nome dado aos homens cuja tarefa principal, na sociedade escravocrata brasileira, era capturar escravos fugitivos e entregá-los aos seus proprietários. (Nota da médium Sandra.)

– José, nós não podemos nos dar ao luxo de chorar e ficarmos parados. Temos obrigação de agir. Há crianças desesperadas escondidas pelo mato. Vamos encontrá-las.

José levantou-se imediatamente e entramos mato adentro à procura das crianças. Após uns 20 minutos, eu encontrei quatro crianças paralisadas pelo medo e o José achou mais três. Pela aparência, deviam ter entre quatro e oito anos. Nós as levamos para uma caverna conhecida do José próxima ao quilombo. Improvisamos camas com folhas de bananeira. Demos água e banana para as crianças, que caíram em profundo sono reparador.

Olhei para o José, que retribuiu o olhar e perguntou:

– O que faremos? Não podemos abandonar essas crianças, mas temos que avisar os outros quilombos quanto ao eminente ataque que sofrerão.

– A mamãe tá viva – falou uma das crianças. – Mais tá muito doente. Levô um tiro. Eu vi. Mais eu sei que ela tá viva. Ela si feiz de morta pra sê sarva. Ocêis, por favô, acha ela lá no meio dos morto.

Achávamos que a criança delirava, mas decidimos novamente procurar por sobreviventes naquele triste e desolador lugar. Procuramos muito. Tentávamos ouvir a respiração nos corpos, até escutarmos um sussurro de socorro. Um milagre de Deus, pensamos. E não é que, para nossa alegria, era mesmo a mãe da tal criança!

Na verdade, o tiro acertara sua cabeça de raspão. Demos água a ela e a levamos para a caverna. Tratei a ferida dela com ervas do mato, arte essa que havia aprendido com minha mãe adotiva, e em pouco tempo a mulher já estava sentada e conversava normalmente conosco.

Pedimos que ela tivesse forças para cuidar das crianças, pois precisávamos ir embora para avisar os outros quilombos dos possíveis ataques que sofreriam. Prometemos que, assim que possível, voltaríamos para buscá-la com as crianças e que, enquanto ali permanecesse, ficasse tranquila, pois os capitães-do-mato, muito provavelmente, acreditavam ter matado todos que viviam naquele quilombo.

E, assim, deixamos as crianças com a mulher e fomos em direção a mais seis quilombos. Conseguimos chegar a tempo para avisar os habitantes de quatro quilombos para que fugissem. Entretanto, ao chegarmos aos outros dois quilombos, as pessoas já haviam sido mortas.

Em um desses dois quilombos exterminados, encontramos, com vida, a escrava Inácia, que também havia fugido da fazenda do coronel Belarmino. E em seus últimos instantes de vida contou ao José que sua mãe, a sinhá Rosa, estava muito doente e durante seus delírios o chamava o tempo todo e pedia ao coronel que ele lhe devolvesse suas duas filhas de nome Ana. A primeira morta pelo tiro do próprio marido e a segunda que sumiu ainda bebê.

Quando ouvi o nome Ana, estremeci. "Coincidência", eu pensei, "as irmãs do José também se chamarem Ana." E também não entendi por que senti um profundo carinho por essa tal de sinhá Rosa, mesmo sem eu nunca tê-la visto nesta vida, acreditava eu. E o José, muito preocupado com sua mãe, por quem nutria um enorme amor, resolveu que deveria voltar à fazenda do seu pai.

– Ana. Você vai comigo. Terá que viver escondida e veremos o que fazer. Não posso e não quero deixá-la no mato. Você não conseguiria sobreviver. E, neste momento, não há quilombo seguro por estas bandas.

Limitei-me a assentir com a cabeça, pois naquele momento não via outra saída. Mas eu sabia que, no fundo do coração, o que eu mais queria era ficar ao lado do José. Não conseguia esquecer o beijo.

Viajamos escondidos pelo mato por cerca de uns 20 dias até chegarmos à fazenda do coronel. O José pescava peixes quando estávamos próximos a riachos, às vezes caçava algum animal, e nós conhecíamos as frutas que podíamos comer.

E apesar de toda a dificuldade na floresta, os dias foram maravilhosos. Eu sentia paz e alegria com a companhia do José. Conversávamos muito. Descobrimos inúmeras afinidades. Mas para minha enorme frustração, o José não me beijou mais e, desse modo, eu fiz de tudo para esquecer aquele momento. Talvez ele tenha alguma noiva, pensava eu quando avistei a casa-grande da fazenda do pai do José, coronel Belarmino. Meu coração disparou de emoção. Tinha certeza de que já tinha vivido naquela casa e a conhecia como a palma da minha mão. Mas eu não entendia meus sentimentos.

Acreditei-me enlouquecida. Como pode? Eu jamais pisei neste lugar antes. E o José levou-me até um casebre extremamente pobre e disse que lá eu estaria segura com uma pessoa boníssima, o Pai Benedito, que, conforme me contou, era o único escravo que meu pai respeitava.

– Na verdade – prosseguiu José –, acredito que meu pai tenha medo do Pai Benedito. É o único que não fica nas senzalas. Meu pai deixa que ele more neste casebre e tenha liberdade de ir e vir do mato para colher suas ervas e fazer remédios para todos da fazenda, inclusive para os escravos e para as escravas.

– Minha menina Ana! Voismecê vortô! Eu tava esperando a menina! Falou Pai Benedito com lágrimas nos olhos e a me abraçar longamente.

Fiquei emocionada. Senti amor pelo Pai Benedito mesmo não entendendo nada do que ele dizia. José olhou para o Pai Benedito com amor e disse que, embora eu me chamasse Ana, eu não era a Ana desaparecida que tinha nascido no mesmo dia que ele na senzala.

– É ela meu fio. Oia os óio dela. A cor é verde feito a cor das foias das prantas. E dispois os óio é a porta qui mostra a alma da pessoa. Mais ocê ficou uma linda menina. É misturada da cor nêga cum a branca. E ocê tem muita luz menina. Tem coração puro. Táva esperando ocê vortá antes de parti pro mundo dos esprito.

– O senhor deve estar me confundindo. Eu sempre vivi na cidade de São Paulo com meus pais.

– Eu te entreguei pra eles. Oia a marca em forma de coração que ocê tem no pulso desde que nasceu na senzala desta fazenda.

– Como o senhor sabe que eu tenho esta marca? Realmente é de nascença. Mas insisto em dizer que nasci e fui criada em São Paulo.

– Seu pai e sua mãe era preto. Eles tinha a pele bem preta. Como é que vosmecê tem os óio verde? Nunca pregunto pro ocê mesma? Ocê é mistura de um inglês, seu pai, com uma linda moça nêga, que foi escrava do coroné, e teve um pai francês.

– Mas por que motivo, Pai Bendito, o senhor entregou a menina Ana ainda bebê para esse casal? Pelo que eu sei, minha mãe adorava essa criança de nome Ana e meu pai fez de tudo para encontrá-la depois do seu sumiço.

– Meu fio. Num jurgue o coroné, mais eu tive que dá a menina pra sarvá a vida dela.

– Pelo amor de Deus, Pai Benedito, será que é o que eu estou pensando? Meu pai é que quis acabar com a vida da menina? Só pode ser... Claro! Seria muito estranho meu pai aceitar uma negra sendo criada como filha na casa-grande.

– Já falei, meu fio. Num jurgue vosso pai. Ele tumbém é fio de Deus.

– Agora, eu entendo tudo. Sua mãe, Ana, e a minha mãe nos deram à luz na senzala. Minha mãe, naquela noite, lá estava para levar comida aos escravos quando sentiu as dores do parto do mesmo modo que a sua mãe. Não houve tempo para que minha mãe fosse removida à casa-grande. E eu acabei nascendo no mesmo instante que você, na senzala. Sua mãe morreu de parto. E seu pai nem sabe de sua existência. Ele forçou sua mãe a se deitar com ele. Essa é a história que sempre ouvi. Estou certo, Pai Benedito?

– O sinhozinho tá certo. Foi isso tudo que acunteceu. Agora menina Ana corre cá pra dá mais um abraço nesse véio. Esse nêgo véio tava esperando a menina chegá faiz bastante tempo. Pedi a Deus e a Jesus Cristo Nosso Senhô que eu vivesse até ocê chega, minha fia amada. Ocê e o José vão tê muito trabaio pra fazê. Que Deus Nosso Senhô ilumine e ajude ocêis. Com amor e muita coráge, ocêis vão vencê. Muitos desafio vem pela frente pro ocêis. Os escravo num aguenta mais tanto sofrimento. Uma hora eles vai se revortá e isso pode acuntece a quarqué momento, principalmente dispois que a sinhá Rosa partí pro mundo dos espritos. Os escravo vão se senti desesperado sem a sinhá Rosa. Ela protege comu pode os escravo. Precisamo rezá muito pra pedi paz pra todos os coração dos que vevi nessa fazenda. Precisamo reza tumbém pru coroné ter paiz no coração e vê que os escravo é gente iguar que ele. Deus abençoe ocêis dois. Mais agora ocêis tem que corrê. Sinhozinho pro favô: dá um jeito de levá a menina Ana pra sinhá Rosa. Ela tá muito mar de saúde. Chama o tempo todo pelo sinhozinho, pela filha que morreu com um tiro do coroné e pela menina Ana que desapareceu.

Estremeci de medo ao prever que horas difíceis provavelmente chegariam. E fiquei completamente atônita com tamanhas revelações. Agradeci ao pai Benedito com um enorme beijo em sua bochecha por ter me salvado. Agradeci a Deus e a Jesus por ter sido salva e também por Deus ter permitido que eu fosse criada por maravilhosos pais adotivos e rezei para que eles estivessem bem.

Mas tudo era tão louco. Como eu poderia imaginar que tinha nascido no mesmo local e horário que o José, por quem eu já sentia tanto amor? Porém, sem tempo para perguntas e devaneios, o José seguiu o conselho do Pai Benedito e começou a pensar em um modo de me colocar dentro do quarto da sinhá Rosa na casa-grande.

Revoltas

Resolvemos aguardar o sol nascer. Isso porque o José sabia que nesse horário o coronel saía da casa-grande para inspecionar o trabalho dos escravos na lavoura. Pai Benedito entregou-me uma vestimenta usada pelas escravas da fazenda para que eu me parecesse com elas. Só que o maior problema era sair da mata e atravessar um espaço enorme de área revestida de grama batida localizada em frente à casa-grande.

Rezamos. Pedimos proteção a Deus e nos arriscamos. O José seguiu primeiro a cavalo e, assim que apeou o animal e o deixou pastar livremente, deu um sinal com as mãos para que eu saísse da mata rumo à escadaria da casa-grande. Andei devagar na tentativa de que me confundissem com uma escrava da fazenda. O José me aguardou no último degrau da escadaria e entramos. Senti uma leve tontura, pois tinha certeza de que conhecia aquela casa. Sabia que já havia morado lá. Tanto é que eu mesma fui em direção ao quarto da sinhá Rosa sem que o José precisasse indicar o caminho. Eu acreditava que devia estar ficando louca. Talvez tantos dias na mata tenham feito com que eu ficasse meio zonza, pois uma certeza eu tinha: jamais tinha estado naquela casa. E se eu estive quando bebê, como falou o Pai Benedito, com certeza eu não conseguiria lembrar nada após 20 anos.

Entrei no quarto, e a emoção ao ver a sinhá Rosa foi muito forte. Meu coração imediatamente sentiu um amor profundo por essa senhora que, agora, eu acreditava que tivesse visto somente quando bebê. Não entendia meus sentimentos. Mas o fato é que lágrimas correram pelos meus olhos e pelos dela. Sinhá Rosa pediu que eu me aproximasse da cama e a abraçasse. Disse estar muito feliz, pois sua filhinha havia retornado para que ela pudesse matar a saudade antes de partir para o outro mundo.

Ela pegou em meu rosto com suas mãos. Beijou-me a testa e falou que me reconhecia pelos meus olhos, que emanavam amor e carinho. Disse que na verdade eu era a mesma Ana que havia sido morta pelo coronel em 1789 e a Ana que fora raptada ainda bebê. Eu e José nos olhamos e achamos que ela delirava devido ao seu estado terminal.

Sinhá Rosa pediu ao José que ele também se aproximasse de sua cama. Beijou-lhe a testa, disse-lhe que o amava e que sentia muito orgulho dele com seu trabalho de salvar escravos e escravas. Pediu, ainda, que ele sempre tivesse muito cuidado em preservar sua vida e não se arriscasse à toa. Era importante que ele ficasse vivo para continuar o trabalho a fim de que a escravidão acabasse no Brasil.

Ela pegou em uma de suas mãos e também em uma de minhas mãos e as uniu. Disse que nos amávamos. Que nosso amor era verdadeiro, e que, se fôssemos perseverantes e agíssemos sempre sob as Leis de Deus de amor e caridade, sem pensar em vinganças, venceríamos os inúmeros desafios que ainda estavam por vir.

Pediu-me desculpas por se achar culpada pelo meu sumiço. E, sentada em sua cama, peguei em suas mãos e disse que ela não era culpada de nada. Ela olhou para o José e para mim de modo terno e doce. Falou que nos amava. Que jamais desistíssemos de trabalhar para que o Brasil abolisse os escravos; e fechou os olhos com muita paz para se encontrar com vovó Quitéria e o senhor Miguel, que a levaram gentilmente para refazer-se na cidade espiritual "Nossa Senhora – Mãe de Jesus".

José derramou-se em lágrimas ao mesmo tempo que abraçava o corpo inerte deitado na cama. E nesse momento ouvimos um enorme estrondo vindo da porta do quarto. Era o coronel a gritar com o filho sem se dar conta de que sua senhora havia acabado de morrer:

– José, seu desgraçado. Você não tem jeito mesmo. Não honra ser meu filho. A negrinha Margarida me avisou que você entrou no quarto da sua mãe com uma negra. E agora vejo que é verdade. Ficou louco? Quer desonrar sua mãe em seu leito de morte? Falou o coronel ao me olhar somente de relance.

E continuou o coronel:

– E tem mais, o que veio fazer aqui na fazenda? Não te mandei embora para a cidade com nove anos de idade? Nunca te suportei e ainda não te suporto! Você é um frouxo! Tem dó dos escravos. Não entende que eles não têm alma e por isso são amaldiçoados por Deus. Cruz-credo! Além do quê, eles são propriedades minhas e eu faço deles o que bem entender. E saiba que toda vez que eu ordeno que um deles seja castigado me sinto abençoado por Deus.

"Eu não entendo", prosseguiu o coronel, "você é branco feito o leite, mas desde menino se comporta como se fosse negro feito café torrado. Quer saber: você é que merece ir para o tronco. Cuidado! Eu estou te avisando! Uma hora eu vou perder a paciência e ordenar que seja açoitado.

"Agora, viver do dinheiro do trabalho dos escravos você sabe. Só agora que arranjou um servicinho imbecil é que se recusa a receber meu suado dinheiro. Eu odeio você desde o dia que nasceu. Quer saber? Se você ama tanto os negros imundos, sugiro que vá viver com eles na senzala e trabalhar de sol a sol."

José nada respondeu. Olhou seu pai com lágrimas a escorrerem de seus olhos. E foi somente nesse momento que o coronel finalmente olhou para mim, particularmente para os meus olhos. Tamanho foi seu susto, que ele cambaleou para trás.

– Ana! Está viva? Eu reconheço você! Eu mandei aquele desgraçado do Tonho acabar com você. Uma negra não tem o direito de ter os olhos iguais aos da minha amada filha Ana que morreu. José, seu infeliz, o que faz aqui com essa negrinha vagabunda? Está se deitando com ela? Se ela está na minha propriedade, é minha. Portanto, é para a senzala que ela vai.

– Coronel, sua senhora está morta – disse José.

– O que diz, desgraçado? – urrou o coronel, que somente então percebeu que a sinhá Rosa não vivia mais no Plano Físico.

– Não! Não! Não! Mil vezes não! Volta para mim senhora minha esposa. Volta. Eu ordeno! Não vivo sem a senhora. Está morta por culpa dos escravos e das escravas. Tenho certeza de que pegou alguma moléstia na senzala que frequenta todas as madrugadas. Mas agora é que esses negros vão ver. Os castigos se tornarão piores. Minha senhora Rosa, eu vou vingar sua morte – gritava o coronel enquanto balançava violentamente o corpo da sinhá Rosa em uma alucinada tentativa de que ela acordasse novamente.

E, após o enterro da sinhá Rosa, os desmandos do coronel se acentuaram, ao mesmo tempo que suas feridas começaram a aparecer novamente por todo o seu corpo. Ordenou que eu fosse acorrentada na senzala. E, ante os protestos de José, determinou que o mesmo fosse feito com ele. Após dois dias, acorrentados e a pão e água, o Pai Benedito conseguiu entrar na senzala e tirar as nossas correntes, após convencer os feitores, que tinham medo dele, pois acreditavam que ele era um bruxo. Se o coronel descobrisse, diriam que o Pai Benedito tinha feito bruxaria para os dois, eu e o José, sumirmos da senzala.

O Pai Benedito, então, distraiu os feitores e foi o momento que aproveitamos para fugir mata adentro. O Pai Benedito nos levou para um riacho onde nos banhamos e nos alimentamos. Resolvemos ficar por perto do casebre do Pai Benedito, uma vez que o José não queria fugir. Disse que estava com um pressentimento de que muitas coisas iriam acontecer e ele precisaria ficar na fazenda. Assim, escondemo-nos na mata.

Mas a escrava Margarida, que havia avisado o coronel de nossa presença no quarto da sinhá Rosa, viu nossa fuga da senzala e rapidamente roubou um cavalo da fazenda e foi até a cidade avisar o coronel. Achava que, ao assim agir, cairia nas graças dele.

Além disso, nutria uma vontade enorme de se deitar com o sinhozinho José, daí seu ódio pela negra de olhos verdes. "Quem era a desgraçada pela qual o sinhozinho tinha olhares apaixonados? Se ele tem que se apaixonar por uma negra que seja eu", pensava ela com sentimentos de inveja ao mesmo tempo que atraía para si espíritos vingadores e que agiam de modo contrário às Leis de Deus a insuflar-lhe maus pensamentos.

O coronel, ao ouvir a Margarida, voltou imediatamente à fazenda e foi ao casebre do Pai Benedito, que, acreditava ele, com certeza, era o responsável pela fuga do casal. Arrombou a porta, enlouquecido, gritou aos feitores que encontrassem o José e a mim e nos colocassem, junto com o Pai Benedito, em troncos para que fôssemos açoitados até a morte.

Mas, como ninguém aparecia, o coronel resolveu ir até o local dos troncos e verificar o que estava acontecendo. Seguimos o coronel escondidos, sem que ele nos percebesse a presença e, para a surpresa de todos nós, vimos os feitores amarrados nos troncos e sendo chicoteados por vários escravos.

– O que é isso? Aqui eu dou as ordens. Negros desgraçados. Ordeno que desamarrem imediatamente meus feitores. Eu mesmo vou acabar com vocês.

Mal deu tempo de o coronel terminar de falar e foi amarrado em um tronco pelos escravos.

– Agora nóis vai fazê cum o sinhô o mesmo qui faiz cum nóis coroné. Agora o sinhô vai vê se nóis é gente ou não. Si nóis têm alma ou não. Isso por causo de que o sinhô vai senti no lombo o peso da chibata – falou um dos escravos rindo com os outros diabolicamente.

E o coronel mais parecia uma besta fera enlouquecida. Urrava aos quatro ventos que iria matar todos os escravos com requintes de muita crueldade. Eu e o José observávamos toda a cena de longe, sem sermos notados. E assim que o coronel levou a primeira chibatada, o Pai Benedito pediu clemência.

– Não façum cum ele o que ele sempre feiz cum ocêis. Num ajam du mesmo jeito que ele. Fujam. Muito de ocêis sabe onde encontra os quilombo. Ninguém vai persegui ocêis. Os feitô tão quase tudo morto dispois das chibata que ocêis derum neles. Eu fico aqui. Ocêis vão embora. É o miór a fazê meus irmão e irmã.

– Véio mardito que gosta de se fazê de santo. Nóis vâmo acabá com esse desgraçado do coroné – falou um dos escravos, ao mesmo tempo que cuspiu na cara do coronel. Nóis num vâmo pra quilombo nenhum. Nóis vai vive na casa-grande. Mais, antes, o coroné vai sofre bastante. Nóis num vamo matá ele. Ele vai sê nosso escravo. Nóis vamu tumbém marcá ele com ferro iguar ele faiz cum nóis.

– Sim – gritaram os escravos e escravas de modo endoidecido.

– Se ocêis ficarem na casa-grande, os guarda da Coroa Portuguesa vem pegá ocêis. Num vai durá muito tempo ocêis na casa-grande. Vai sê pior. Escuta esse nêgo véio.

– Véio loco. Ocê é que vai pro tronco. Sempre foi protegido do coroné. Vamo colocá esse véio nu tronco tumbém – manifestou-se uma escrava.

Enquanto isso, eu e o José observávamos toda a cena sem saber o que fazer e fomos descobertos pela escrava Margarida.

– O meu pai cavou a própria sepultura – falou o José e sentiu um forte arrepiou por todo o corpo.

Disse-me ele que, ao ver seu pai, o coronel, no tronco, teve a sensação de já ter passado por aquilo tudo.

– Ana, tenho a impressão de que fui morto açoitado e a mando do coronel. Mas isso só pode ser devaneio meu. Isso nunca aconteceu.

– José, o que diz são pesadelos que tem desde criança, como você já me contou. Tire isso de sua cabeça. Seu pai nunca te mandou para o tronco. Por ora, precisamos pensar em algo para salvar seu pai – falei e fui ouvida pela Margarida sem que eu percebesse.

– Meus irmão e irmã de raça. A nêga dos óio verde tá alí ó, perto daquela árvore, tá defendendo o coroné. Qué ajuda ele. Nóis tem que pô ela no tronco tumbém e marca cum ferro em brasa a cara dela. Vamo tirá os óio verde da cara dela. Vamo deixá ela cega – falou a Margarida com sarcasmo, triste e profundo sentimento de inveja.

E continuou a Margarida:

– E o sinhozinho José, nóis amarra na senzala. Ele briga desde que é criança cum o coroné, mais nóis num pode confiá nele. Ele é branco iguar que leite. E em branco iguar que leite nóis num pode confiá. Eles é que num tem alma e não nóis.

– Calma meus irmãos e irmãs. A moça num feiz nada. A moça tá quieta. Ocêis acabaram de conhecê a moça. O nome dela é Ana. É ela a criança que roubarum da sinhá Rosa – falou Pai Benedito.

– Ela é fia do demo, minha gente. Mais um motivo pra chicoteá a desgraçada – falou Margarida com desdém. – Nêga num pode tê os óio verde. Ela é fia do demônio. Ela é fia do coisa ruim!

– Os óio dela é iguar da sinhazinha Ana, a fia do coroné que ele matô cum um tiro nas costa – falou outro escravo. – A sinhazinha Ana era um anjo de bondade cum os escravo. Nóis num pode esquecê disso. Ocê, Margarida, tem inveja da menina dos óio verde por causo de que ocê tem os óio grande pra cima do sinhozinho José. Ocê qué se deitá cum o sinhozinho José e sê a sinhá dessa fazenda. Nóis tudo sabe disso.

– Quem manda aqui sô eu – manifestou-se o escravo Jeremias. – Agora eu sô o chefe de tudu ocêis. Eu mando em tudu. Ocêis vão tê que obedecê minhas ordi. Agora eu sô o coroné. E se ocêis num me obedecê, eu vô castigá ocêis iguar qui ele fazia cum nóis.

E continuou o Jeremias:

– Nóis vai marcá a cara do coroné com ferro em brasa iguar ele fazia cum nóis. E o sinhozinho José e a nega Ana dos óio verde vão fica aqui pra vê o castigo do coroné. Dispois disso nois vai vê o que vai fazê cum eles dois.

Ninguém discutiu com o Jeremias, e o escravo de nome Sebastião trouxe o ferro em brasa com o qual Jeremias marcou a testa e as duas bochechas do coronel. Os gritos de dor foram lancinantes ante as risadas de horror dos escravos e das escravas. Espíritos com desejos de vingança contra o coronel incentivavam a todos para que cometessem todo tipo de atrocidades. Arrancaram a roupa do coronel para que suas vergonhas ficassem expostas da mesma forma que ele fazia com seus escravos e escravas; e a primeira chibatada foi dada no coronel.

José estremeceu e, por mais que não gostasse de seu pai, sentiu piedade. Precisava salvá-lo, ele disse com os olhos a me olhar. E em questão de instantes vimos flechas serem atiradas sobre a multidão de escravos e escravas. Tratava-se de um ataque indígena para salvar seus irmãos e irmãs índios que viviam escravizados pelo coronel.

José me olhou novamente e pediu que eu fugisse, pois ele tentaria de alguma forma salvar seu pai. Mas eu não poderia. Não deixaria o José e o coronel sozinhos. Não entendia, mas sentia piedade do coronel, apesar de saber de todas as atrocidades por ele cometidas.

E no meio de toda a confusão e da correria de todos para se protegerem das flechas dos índios, eu e José nos arrastamos até o tronco onde estava o coronel na tentativa de salvá-lo, mas fomos impedidos por índios que apontavam inúmeras flechas. Fomos obrigados a ficar parados, caso contrário seríamos mortos. Ao passo que outros índios reuniram os índios e índias escravizadas na fazenda e os levaram mato adentro junto com o coronel.

CAPÍTULO XII

Consequências da escravidão

A situação na fazenda ficou um caos. Inúmeros irmãos e irmãs estavam caídos ao chão com lanças de flechas fincadas no corpo. Crianças desesperadas corriam de um lado para o outro sem destino. Mulheres choravam a morte de seus homens e homens choravam a morte de suas mulheres. "Meu Deus", pensei. "Essa triste situação lembra os quilombos destruídos. Eu e José precisamos agir novamente e o momento é de encontrar os vivos para que possam ser tratados."

E assim foi feito. Todos que não tinham sido feridos ou pelo menos não estavam gravemente feridos levaram os doentes, a pedido do José, para a casa-grande, que se transformou em um hospital. Os mortos foram enterrados em uma única vala.

Como eu conhecia o poder curativo das ervas, auxiliei o Pai Benedito no preparo dos remédios. Todos se ajudavam mutuamente. Até que após dois dias, com a situação um pouco mais calma, desabei debaixo de uma árvore, exausta, em um sono profundo. Acordei com a voz do José a me dizer:

– Preciso salvar meu pai. Não sou hipócrita para dizer que não o odeio. Claro, eu odeio o coronel, mas, ainda assim, queira ou não, ele é meu pai. Tenho obrigação como filho de salvá-lo, mesmo que o encontre morto. Peço que fique aqui na fazenda e continue cuidando dos feridos.

– Eu vou com você. Tem bastante gente cuidando dos feridos. Já passei com você poucas e boas. Não é agora que vou deixá-lo sozinho. As escravas auxiliadas por Pai Benedito dão conta do recado para cuidar dos feridos aqui na fazenda.

– Eu tumbém quero ajudá o sinhozinho. O sinhozinho é boa pessoa e se qué sarvá o coroné, eu ajudo. Pai Benedito pediu isso pra mim – falou o escravo Joaquim, ao ouvir as palavras do José.

– Como sempre, o Pai Benedito sabe de tudo. Mas agradeço muito a você, Joaquim, e a Ana, mas não posso aceitar a ajuda de vocês. Não tenho o direito de colocar a vida de vocês em risco. Parto sozinho ainda hoje.

– José, se for sozinho, será muito difícil conseguir trazer o coronel. Eu vou com você e pronto – eu disse firmemente.

– Eu tumbém vô. O sinhozinho já me sarvô de ser chicoteado no tronco e por isso lembro que comprô mais uma briga feia com o coroné. Ocê se alembra disso, sinhozinho?

– Lembro. Mas, mesmo assim, meu pai foi sempre tão cruel com você. Por que quer me ajudar a salvá-lo?

– Por causo de que aprendi com o Pai Benedito que o coroné é doente. Ele faiz as coisa e num sabe o que tá fazendo. Ele, de todos nóis, é o que mais sofre. Ele sente a curpa corroer suas entranha. Eu vou cum voismecê e pronto, num si fala mais nisso. E pra dizê a verdade, eu tô ajudando é o sinhozinho que sempre foi bom cum os nêgo e as nêga escravo daqui dessa fazenda. Se o sinhozinho qué sarvá vosso pai, eu vô ajudá. O Pai Benedito pediu e o sinhozinho sabe que nóis escravo atende os pedido do Pai Benedito.

– Não posso aceitar, pois, repito, estaria colocando sua vida em risco.

– Eu vou com o sinhozinho e pronto!

– E eu também vou. Não adianta me impedir, José. Você já me salvou várias vezes. Chegou a minha vez de retribuir.

E assim foi decidido. Partimos os três ao anoitecer daquele mesmo dia. O José sabia onde ficava a aldeia dos índios que haviam capturado o coronel. Cavalgamos dois dias para finalmente deixarmos os cavalos amarrados em árvores próximas a um rio que circundava a floresta. A partir daí, seguimos a pé para que nenhum índio desconfiasse da nossa presença na floresta. Andamos por mais um dia e meio e, finalmente, de madrugada avistamos ao longe a aldeia. À esquerda dela, estava o coronel amarrado em uma árvore. A aldeia estava silenciosa. Não havia movimentação de índios. A impressão era de que todos dormiam. Porém, sabíamos que havia índios de sentinela.

Andamos pela mata ao redor da aldeia e, por providência divina, os índios de sentinela dormiam. José pediu que eu e o Joaquim ficássemos à espera dele, escondidos mata adentro, e ele sozinho tentaria se aproximar de seu pai.

E, de onde estávamos, vimos o José desamarrar o coronel e com o mínimo de barulho colocou-o em suas costas, trouxe-o para perto de nós e o deitou sobre a relva. Seu estado era lastimável. Estava desmaiado e, com certeza, pelos ferimentos que tinha espalhados pelo corpo, devia ter apanhado muito. José disse que não tínhamos tempo, pois os índios logo poderiam nos descobrir. Desse modo, com o coronel nas costas, ora do José, ora do Joaquim, começamos o caminho de volta.

Porém, com aproximados 15 minutos de caminhada, vimos uma saraivada de flechas vindo para o nosso lado. Mas, com muita fé em Deus, em Jesus, nos pedidos de ajuda a Nossa Senhora, mãe de Jesus, e proteção dos anjos iluminados, fui intuída pelo espírito da vovó Quitéria a entrar no meio de uma folhagem, seguida pelo José, com o coronel no colo, e o Joaquim. Na verdade, tratava-se da entrada de uma caverna.

Ficamos quietos. Escutamos a gritaria dos índios do lado de fora passando em frente à abertura da caverna. Um tempo depois – que para nós pareceu uma eternidade –, tivemos a impressão de que os índios tinham desistido de nos capturar, pois o barulho próprio da floresta voltou ao normal. Resolvemos aguardar dois dias e duas noites na caverna, uma vez que precisávamos ter certeza de que os índios não estavam de tocaia à nossa espreita. Por sorte, que na verdade era a providência de Deus em ação, tínhamos água, pão e frutas de reserva para passarmos aqueles dois dias.

Saímos da caverna com todo cuidado e nove dias depois finalmente chegamos à fazenda. Demoramos mais na volta, pois o coronel ficou desmaiado praticamente o tempo todo. No entanto, quando chegamos, uma enorme e triste surpresa nos aguardava. O escravo Jeremias deu um tiro certeiro na cabeça do nosso acompanhante e amigo Joaquim. Segundo Jeremias, agora ele era o dono da fazenda e de todos os escravos. E o Joaquim merecia a morte, pois era um traidor ao ajudar José a salvar o coronel.

E o Jeremias ordenou que o José e o coronel fossem presos na senzala e, quanto a mim, poderia ir embora da fazenda, já que eu era negra. Porém, a escrava Margarida gritou aos quatro cantos que eu também era uma traidora, pois eu também tinha ajudado a salvar o coronel, portanto eu deveria ser morta da mesma forma que o Joaquim.

Jeremias olhou para mim de cima a baixo e ia atirar quando decidiu não fazê-lo, pois teve pensamentos de luxúria para comigo, ao que a escrava Margarida percebeu e gritou:

– Mais ocê, Jeremias, matô o Joaquim qui tumbém é da cor preta. Ocê não qué matá a nêga pur causa dos óio verde dela. Ocê tá cum os óio cumprido pra ela. Só que ela só oia pro sinhozinho José. Ocê é burro. Ela num qué nada cum ocê – gritou a Margarida.

– Cale a boca negâ mardita e invejosa, sinão eu mando ocê pro tronco tumbém ou te mato cum as própria mão. Sai daqui muié desgraçada. E ocêis nêgo que tão aí me oiando: prendam o diabo do coroné, o sinhozinho e a diaba dos óio verde. Vão tudo pra senzala. Eu mando. Agora eu sô o sinhô de tudo ocêis.

E assim foi feito. Fomos presos na senzala, mas somente o coronel foi acorrentado. Encontrei um jarro com água e passei, bem devagar, pelos olhos do coronel, que os abriu assustado e pediu água para beber.

– O que está acontecendo? Eu estava preso na aldeia dos índios – falou com muita dificuldade.

– O escravo Joaquim, a Ana e eu conseguimos tirá-lo de lá – falou José de modo ríspido.

– E o que está acontecendo agora? Por que estamos presos nesta senzala imunda e eu estou acorrentado? Onde estão os feitores? Quem esta negrinha pensa que é para me dar água?

– Senhor meu pai, lembra-se da revolta dos escravos? Pois bem, durante a revolta fomos atacados pela tribo indígena, que o raptou. Isso porque eles vieram resgatar seus irmãos de tribo, os quais o senhor, meu pai, escravizava. Depois do ataque dos índios, tudo por aqui ficou um caos. Passados dois dias desse ataque, com as coisas um pouco mais calmas, fui com a Ana e o escravo Joaquim tentar libertá-lo das mãos dos índios. No entanto, ao aqui chegarmos, fomos surpreendidos pelo escravo Jeremias, que agora se diz proprietário de tudo e de todos que se encontram nesta fazenda.

– Mas o que é isso? Nada disso pode estar acontecendo. Tire as correntes de mim. É uma ordem.

– Coronel, não há como tirar as correntes. Estão fechadas com enormes cadeados. Não temos, no momento, como abrir esses cadeados – falei.

– Você não tem o direito de ter o nome, a cor e o brilho dos olhos da minha filha Ana que morreu. Eu ordeno que você mude de nome.

– Coronel, Ana é meu nome de batismo. E os meus olhos verdes são herança de um pai inglês, avó francês e bisavô italiano. Familiares esses os quais jamais conheci. Soube disso faz pouco tempo pelo Pai Benedito.

– Deixe-me ver seu pulso, negra.

– Sim, sou eu coronel. A marca de nascença está aqui. O Pai Benedito me contou toda a minha história.

– Não pode ser! Eu mandei aquele desgraçado do Tonho dar cabo de sua vida.

– Mas eu fui salva.

– Pai, o senhor está acorrentado, sob o jugo dos escravos, e ainda age com toda essa soberba. Pode, por favor, ficar quieto?

– Você agora vai aproveitar da situação para humilhar seu pai, filho desgraçado?

– Não vou humilhá-lo e não o estou humilhando. Aceite a água que a Ana mais uma vez lhe oferece.

E, assim, sem mais alternativa, o coronel achou por bem aceitar a água que eu, Ana, oferecia a ele.

De repente ouvimos uma gritaria do lado de fora. Era uma das escravas, a Adelaide, desesperada, que pedia ao Jeremias que não castigasse seu filho e que o Pai Benedito interferisse em seu favor.

– Seu filho, nêga, não qué me obedecê e quem não me obedecê vai pru tronco – respondeu o Jeremias.

– Filho – falou Pai Benedito, com ternura, porém firmeza –, você achava certo o que fazia o coroné Belarmino com os escravo e as escrava?

– Não! Não! Não! Mas agora vô me vingá de tudo e todo mundo. Os nêgo e as nêga têm que me obedecer, senão num vai te ordi aqui nesta fazenda. Agora eu sô o coroné.

– Meu fio, criança que vi nascer – falou o Pai Benedito –, o respeito se consegue com amor e nunca, jamais, cum opressão. Diga pra eu: por que ocê qué agi comu o coroné sempre feiz cum nóis? Ocê qué descontá nesse menino, filho da Adelaide, o que o coroné te feiz? O menino num é curpado dos desmando do coroné. O menino tem direito de num querê te obededê. Ocê num é dono de ninguém. Chega de um sê dono do outro. Nóis sumo tudo fio de Deus, nosso Pai.

– Cala a boca, véio desgraçado. Sempre qué dá lição pra nóis. Ocê qué sabê? Ocê num passa de um traidô. Acha que eu num sei? Foi ocê véio desgraçado que pediu pro Joaquim ajudá o branquinho do sinhozinho. Eu odeio o sinhozinho. Ele defende os escravo mais oia a roupa qui ele veste. É toda bonita. Ele tem estudo. Eu odeio ele e toda a família dele. Só queria bem a sinhá Rosa e a sinhazinha Ana, que o coroné matou cum tiro certeiro nas costa.

– Jeremias – falou Pai Benedito –, o sinhozinho te livrô do tronco umas duas veiz. O sinhozinho ajudava os escravo com a sinhá Rosa de madrugada quando tava aqui na fazenda. O sinhozinho já te deu comida na tua boca quando ocê tava todo machucado dos castigo do coroné. Tá isquecido? Criança minha – continuou o Pai Benedito –, a cor da pele num qué dizê nada. Num é por causa de que é branco ou preto que um é miór que o outro. Nóis sumo tudo esprito, fios de Deus. Em uma vida nóis é preto e noutra nóis é branco e tumbém às vêis nóis é índio.

– Véio, ocê tá cada dia mais louco. Ou nóis é branco iguar que leite ou nóis é preto iguar que café torrado. Nóis só tem esta vida desgraçada. Qué que eu e todos os nêgos esqueça todas as marvadesa do coroné?

– Eu num tô pedindo para esquecê o que o coronel feiz. O que ele feiz é contra as lei de Deus. Assim eu te peço, não faça cum ninguém o que o coroné fazia.

– Véio Benedito, ocê tá tomado pelo demônio.

E o Pai Benedito, de repente, começou a falar corretamente:

– Filho amado, por Deus, não repita as atitudes do coronel. Mas, se decidir fazê-lo, seu caso é ainda pior, uma vez que você, nesta vida, já sentiu na pele o que é ser chicoteado e ser propriedade de alguém. Meu filho, por Deus, pare com essa vingança. Vingança só traz mais sofrimentos e dissabores. Lembre-se de que a Justiça de Deus é infalível e sob ela todos nós estamos, inclusive, obviamente, o coronel, que responderá perante a Justiça Divina por todas as suas atitudes.

E o Pai Benedito continuou:

– Você tem a chance de tentar salvar nossos irmãos e irmãs. Fiquem bem escondidos na mata, fundem um quilombo ou encontrem algum para lá morarem. Dividam-se em grupos para facilitar a fuga. Caso fique por aqui, vai acabar morto pelos outros coronéis, que não tardam a estranhar o sumiço do coronel. Você acabará morto. Veja os olhares dos nossos irmãos e irmãs para você. Olham-no com pavor e tristeza pelos seus desmandos e por ter matado o Joaquim sem necessidade alguma. Somente Deus sabe o momento de nossa partida para o outro Plano. Ninguém, absolutamente ninguém, tem o direito de determinar se alguém deve ou não viver. Isso cabe somente a Deus Nosso Pai.

– Ocê, véio desgraçado, tá loco mesmo. Eu tenho o direito de vingança. Oia meu lombo todo marcado pela chibata. Eu quero destruí o demônio do coroné e todo mundo que defende o bichiguento.

– Ele já está sofrendo as consequências de suas atitudes. Aliás, ele sofre desde muito pequeno, quando começou a aprender com seu próprio pai a maneira pela qual deveria tratar os escravos. Ele aprendeu que aqueles que possuem a cor da pele negra não são gente. Acha que é abençoado por Deus cada vez que castiga um negro ou uma negra. O coronel é um doente aos olhos de Deus.

Deixe-o e siga sua vida com seus irmãos e irmãs. Repito: você está com a oportunidade de fugir desta fazenda e, ainda, salvar nossos irmãos e irmãs. Repito, o coronel está "nas mãos" da Justiça de Deus, que é infalível.

– Nããããooo! Já disse que ocê é um véio desgraçado. Tem pacto cum o demônio. Ocê vai preso na senzala junto com o coroné, o branquela do sinhozinho e a demônia dos óio verde. Eu mando aqui. Quem num me obedecê vai pru tronco e morre de chibata. E fim de prosa!

– É isso, Jeremias! Senzala pros branquelo e pros traidô – gritou um escravo seguido por vários outros escravos e escravas.

– Lembre-se – insistiu Pai Benedito – de que o sinhozinho já salvô você mais de uma vez dos castigos do coroné. Você tumbém sabe que o sinhozinho trabaia mascarado com seus amigo e amiga pra libertá os escravo.

– Véio bichiguento. Cala sua boca senão ocê é que vai pru tronco. Escravos: prende esse véio desgraçado na senzala junto cum o sinhozinho, a demônio dos óio verde e a Adelaide, que num para de chorar pelo desgraçado do seu fio Tião. Esse véio defende os branco. E dispois ocêis pega o coroné e amarra num tronco e o fio da Adelaide em outro tronco. No fio da Adelaide ocêis vai dá 50 chibatada pra ele morre cum muito sangue. E no coroné só dez chibatada. Ele num vai morre rápido. Ele vai morre bem devagarinho. Vai tomá chibatada todo dia o desgraçado bichiguento.

E assim foi feito. Os escravos apavorados com Jeremias resolveram obedecê-lo, mesmo porque estavam acostumados a obedecer durante toda a vida. Amarraram o escravo em um tronco e no outro o coronel. O filho da Adelaide morreu em consequência das chibatadas, e o coronel, após ser açoitado por dez vezes, foi jogado na senzala novamente com as mãos acorrentadas.

CAPÍTULO XIII

Reconciliações

O coronel, muito fraco, ardia em febre. E o Pai Benedito conseguiu permissão daqueles que cuidavam da senzala, sem que o Jeremias soubesse, para ir ao mato em busca de ervas para tratar do coronel. Em cerca de uma hora, o Pai Benedito voltou da mata com água, frutas e ervas para fazer emplastros para as feridas do coronel e chás com intuito de que amainassem suas dores.

O Pai Benedito preparou os emplastros e os chás. Depois disso, pediu que eu cuidasse do coronel, já que ele foi auxiliar a escrava Adelaide, que, devido ao choque do que acontecera a seu filho no tronco, não conseguia esboçar qualquer tipo de reação.

Cuidei do coronel como se fosse meu pai. Senti por ele um amor como se fosse sua filha e não entendi tal sentimento, afinal, como eu poderia sentir amor por alguém que eu sabia que tinha ordenado minha morte quando bebê e que tratava os escravos e as escravas de modo tão cruel?

Bem, que eu pensasse sobre esse assunto depois, uma vez que o momento era para o auxílio ao coronel. E José estranhou minha sincera dedicação.

– Ana, o coronel, meu pai, sofre as consequências de suas atitudes. Por que o ajuda?

– José, ao que eu saiba, você arriscou sua vida para salvar seu pai das mãos dos índios.

– Fiz isso por pura obrigação de filho.

– Será mesmo? Pelo que percebi, você teve um impulso muito forte para salvar seu pai. Não pensou um minuto sequer que poderia ser capturado pelos índios e perder a vida. Você quis salvá-lo por amor.

– Ana, tenho-lhe um apreço e amor enormes, mas, por obséquio, não fale que tenho qualquer tipo de afeição pelo meu pai.

– Será mesmo que não tem nenhum tipo de afeição por seu pai? E na infância? Com certeza houve bons momentos, e você deve se lembrar disso.

– A única coisa boa que esse homem fez comigo foi me ensinar a cavalgar muito bem.

– Então ele te ensinou algo. Aliás, se você não fosse um exímio cavaleiro, não teria conseguido me salvar naquele dia que nos conhecemos. Devemos isso ao seu pai.

– Você está desvirtuando tudo. Não devo nada ao meu pai. Ele sempre me trouxe pesadelos. A propósito, desde criança sonho que esse homem me colocou no tronco e ordenou que eu fosse açoitado até a morte.

– E sua vida? Ele e sua mãe foram os instrumentos para que você tivesse a oportunidade de viver a experiência desta vida. Isso não conta? Não tem valor para você?

– Ana, pare de defender meu pai. Se algum escravo escutar, tenho temor por sua vida.

E o assunto teve que parar, pois o coronel começou a delirar:

– Minha filha Ana. Eu não queria te acertar aquele tiro. Você me perdoa? – perguntou o coronel olhando fixamente em meus olhos.

Eu e o José levamos um susto com o comentário do coronel, com exceção do Pai Benedito, que sabia que eu era a mesma Ana que havia levado o tiro e a Ana que o coronel ordenou que fosse morta pelo feitor Tonho.

Entretanto, mesmo sem ter consciência, naquele momento, de que eu era a mesma Ana das duas vidas, resolvi me passar por sua filha Ana baleada, já que talvez o ajudasse a ficar um pouco mais calmo. Eu e o José acreditávamos que o coronel Belarmino delirava devido à sua febre e aos ferimentos. Sendo assim, respondi:

– Meu pai, isso tudo já passou. Esqueça. Peça perdão a Deus e não a mim, por favor.

– Minha filha amada. Preciso revelar-te algo antes de minha morte. Estou cansado de carregar o fardo do meu segredo. Eu te matei de propósito. Dei um tiro certeiro em suas costas. Eu me culpo até hoje. Deus jamais me perdoará. Eu menti para todo mundo. Eu disse que me enganei. Falei que te matei por confundi-la com uma escrava, já que você usava roupas de escrava.[14] Mas eu sabia que a pessoa que corria para salvar o José era você. Eu não queria que você vivesse. Preferia vê-la morta a passar pela vergonha, perante a sociedade, de que todos soubessem que minha própria filha amava um negro escravo, o José. Sua fama em defesa dos escravos corria por toda a região. E você não sabe, mas já havia sido recusada como esposa de dois pretendentes filhos de grandes fazendeiros como eu. Assim, eu preferi ver você e o José mortos a passar por mais uma vergonha com suas atitudes.

"Porém, desde o dia de sua morte nunca mais vivi de verdade ou tive sossego. A culpa me corrói. Eu jamais terei o perdão de Deus. Sou um perdido aos olhos de Deus. Todas as noites eu tenho terríveis pesadelos. Isso quando consigo dormir. Estou condenado a arder no inferno. O escravo Jeremias tem razão em me chicotear, afinal eu sempre ordenei que fizessem isso com os negros e as negras. E é claro que eu sei do sofrimento deles, embora nunca tenha admitido isso."

---

14 Eu soube que o coronel havia me matado de modo proposital quando estive a me banhar na gruta e uma tela surgiu à minha frente com imagens da vida que tive como filha do coronel e que se findou, com o tiro, no ano de 1789. (Nota da Ana.)

A revelação de que o coronel havia matado propositalmente sua filha Ana foi um baque em meu coração. E eu não conseguia entender os motivos desses meus sentimentos, já que naquele instante eu não tinha consciência de que o coronel falava a respeito de mim, só que em outra vida e em outro corpo. Ouvi tudo aquilo sem conseguir articular uma única palavra.

– Minha filha – continuou o coronel –, por favor, diga que me perdoa. Eu lhe imploro. Durante toda a vida depois daquele fatídico dia eu mal tinha coragem de encarar a senhora minha esposa, sinhá Rosa. Só que o meu ódio pelos escravos e escravas aumentou. Eu coloquei sobre esses pobres coitados uma culpa que é minha. Filha amada, venho cometendo atrocidades inimagináveis. E o pior é que, quando nasceu uma menina na senzala junto com o meu filho José, a tal menina, apesar de negra, lembrava você. Tive medo de me afeiçoar àquela negrinha de olhos verdes exatamente iguais aos da minha Ana. Preferi mandar matá-la, pois, cada vez que ela me olhava com seus olhos verdes iguaizinhos aos da minha filha Ana, tinha a sensação de que ia morrer de tanto remorso. A dor que sinto por tudo o que fiz é física. Não tenho perdão de Deus. Sou um pecador com o destino de arder eternamente no fogo do inferno. Filha, eu imploro que diga que perdoa seu pai.

Achei melhor fazer o que ele me pedia:

– Meu pai, eu te perdoo. Mas não é o meu perdão que vai curá-lo. Eu não sou ninguém para perdoar. Meu pai, perdoe a si mesmo e peça perdão a Deus.

– E eu preciso de mais um perdão, Ana. Eu a matei uma vez e na segunda eu tentei te matar através das mãos do feitor Tonho. Graças a Deus, o Pai Benedito a salvou.

Enquanto isso, luzes azuis espirituais inundaram a senzala, as quais somente eram vistas por Pai Benedito, que, com suas orações, enviava luz, através de suas mãos, diretamente ao coração e ao cérebro do coronel.

José ouvia todo o diálogo desconfiado. Acreditava que seu pai estava falando em arrependimento por ter sido chicoteado e estar ardendo em febre. Acreditava que tão logo ele sarasse voltaria a ser quem sempre fora.

– Filho – disse o Pai Benedito –, seu pai tem pouco tempo na Terra Física. Liberta seu coração das amarra do ódio. Ocê consegue. Tem um coração bondoso. Arriscô a própria vida pela do vosso pai.

– Já disse que agi por impulso.

– Meu filho José – chamou o coronel –, venha até seu pai. Quero falar-lhe.

José se aproximou com o coração descompassado de emoção, pois foi à primeira vez naquela vida que ouviu seu pai chamá-lo de "filho" com amor sincero no coração. Esta única palavra, "filho", dita com nobres sentimentos fez "derreter" o coração do José. E o coronel pediu para que pegasse em uma de suas mãos, abriu completamente os olhos e lhe pediu perdão com muitas lágrimas nos olhos.

– Filho, repito, no fundo eu sempre soube que os negros e as negras são gente como nós. Nós todos somos filhos de Deus. Eles sentem dor como nós. Tratar alguém de modo cruel faz mais mal para aquele que toma a atitude do que aquele que a recebe. Mas meu orgulho me impediu de assumir a posição de que não há diferenças entre ter a cor da pele negra, branca ou vermelha. Todos somos filhos de Deus. Mas eu ficaria ainda mais malvisto perante a sociedade do que já era em razão das atitudes de sua irmã mais velha, Ana, e de sua mãe em defesa dos escravos e das escravas. Todos sabiam das atitudes delas.

"Meu filho José, na época em que vivemos, hoje, aquele que trata os escravos como pessoas e filhos de Deus são malvistos e banidos da sociedade. Desse modo, eu mostrava minha força sendo cruel com os escravos. Fiz na minha vida o que a sociedade esperava de mim e não o que Deus quer de mim. Dei mais valor à opinião das pessoas do que a Deus. Não segui meu coração. Segui meu orgulho. Tinha prazer em ser visto como um dos mais cruéis dos senhores de escravos.

"Mas você, José, é diferente de mim. Sempre seguiu seus sentimentos sem se preocupar com o julgamento da sociedade. Nunca teve medo de se posicionar quanto às suas opiniões.

"Enfrentou-me toda a vida com sinceros e verdadeiros argumentos. Tenho orgulho de você. Muito orgulho. Você é o verdadeiro corajoso. Eu sempre me escondi atrás do orgulho. Você sempre usou as palavras e o amor como modo de vida.

"Saiba, meu filho, que depois que eu morrer você dará a liberdade a todos os nossos irmãos e irmãs escravos. Faça isso. E para aqueles que quiserem aqui permanecer, pague a cada um pelo seu respectivo trabalho. Divida os lucros. Dê estudo para todos. Queime os troncos e esta senzala horrenda. Dê material para que cada qual construa sua casa. Esta fazenda é grande demais. Há espaço para moradias e alimento para todos. Temos dinheiro demais. Eu nunca teria essa coragem.

"Ana e José, trabalhem pela libertação dos escravos."

José não conseguia acreditar no que ouvia. Seu coração pulava de alegria com as belas palavras ditas por seu pai.

– Filho, preciso do seu perdão. Dê-me cá um abraço.

E assim foi feito. José disse ao pai, do fundo do coração, que o perdoava e, pela primeira vez, abraçaram-se.

– Filho, prometa que vai cumprir com os escravos tudo o que eu lhe peço.

– Prometo, senhor meu pai, do fundo do meu coração.

– E eu abençoo o amor de vocês, Ana e José. Pena que não estarei por aqui para conhecer meus netos.

Todos nós chorávamos quando o coronel ainda pediu para que a Adelaide se aproximasse. Essa, com receio, chegou devagarinho ao lado do coronel.

– Senhora Adelaide, sei que agora o pedido de perdão não adianta. Mas em nome de sua raça, ainda assim, imploro perdão. Negra, branca, vermelha ou qualquer que seja a cor da pessoa, todos sentem as mesmas dores e têm os mesmos receios. Somos todos feitos de carne e osso. Por favor, me perdoe.

– Sim, coroné. O sinhô agiu como era o esperado pelo vosso pai e vosso avô. O sinhô num sabia o que fazia. Eu me alembro do vosso pai ordenando o sinhô ainda menino, cum sete ano de idade, a açoitá um escravo. O sinhô ficô muito assustado naqueles tempo. O sinhô num queria batê no escravo, mais vosso pai obrigô. O sinhô se alembra? Eu lembro bem. Eu era bem pequenina. O sinhô ficou parado com um chicote na mão e levou um tapa na cara do vosso pai. Aí foi que o sinhô começo a batê no escravo cum o chicote. No fundo o sinhô tem um bom coração.

– Depois de tudo o que fiz à senhora, ainda assim, me perdoa. Ah! Meu Deus. Por quê? Por que eu insisti em agir cruelmente com as pessoas durante toda a minha vida? Não vi meu próprio filho crescer. Eu fiz tudo errado.

– Coroné – falou Pai Benedito –, peça perdão a Deus. E pense: atire a primeira pedra quem nunca pecô. Mude a direção de sua vida e de seus sentimentos. Siga o caminho de Deus. O sinhô pode recomeçá de modo diferente do que até então seguiu.

E, de repente, escutamos vários tiros do lado de fora da senzala, a qual foi aberta com um tiro certeiro no cadeado. Na verdade, naquele momento, a fazenda estava sendo invadida pelos coronéis da região e por seus homens, que haviam descoberto o que se passava na fazenda do coronel Belarmino. E tudo foi muito rápido. Jeremias entrou na senzala e, desesperado, apontou a arma para todos nós e ordenou que ninguém tocasse nele ou mataria a todos ali na senzala. Os homens dos coronéis recuaram.

– Mate a mim, Jeremias – falou o coronel. – Você tem razão em querer se vingar de mim. Eu somente causei mal aos irmãos e irmãs de pele negra.

– Tá cum medinho por causo de que vai morre, coroné desgraçado. Num credito em arrependimento. Ocê é o capeta. Tá cum medinho de ir pro inferno com o coisa ruim. Ele e mais um montão de capeta já tá te esperando. Ocê vai queimá no fogo do inferno para sempre e virá carvão, desgraçado.

– Você tem razão em tudo o que diz, Jeremias. Mas, por favor, deixe a Ana, meu filho José, o Pai Benedito e a Adelaide viverem. Eles não têm culpa das atitudes erradas que tomei por toda esta vida. E você, Jeremias, também não tem culpa dessa revolta toda. Age como consequência das atrocidades que cometi contra você e contra os nossos irmãos e irmãs negros e índios.

– Desgraçado. Na hora da morte se arrepende. É que o capeta tá aqui já te esperando pra te levá pro inferno, bichiguento. Oia minhas costa. Tá vendo as marca das chibata? Eu vô matá ocê bem devagarinho. Ocê merece sofrê. Mais eu vô começa pela diaba dos óio verde. Ela é preta e ajudô a sarvá o sinhô.

E nesse momento tudo aconteceu muito rápido. Um tiro certeiro que iria parar em meu coração acertou o do coronel, que encontrou forças para me empurrar com seu corpo e me salvar. E antes de morrer ainda conseguiu balbuciar:

– Ana e José, vivam o amor que sentem um pelo outro. Trabalhem para que os homens entendam que todos nós, independentemente da cor, somos filhos do mesmo Pai. Ninguém tem o direito de ser proprietário de ninguém ou de tratar quem quer que seja de modo cruel. Peço perdão a Deus e a todos.

– Fique tranquilo, meu pai, que eu e a Ana – concordei com a cabeça – prometemos que faremos tudo o que o senhor nos pede.

E o coronel fechou os olhos para nunca mais os abrir naquela vida. Mais um tiro foi ouvido, cujo alvo foi a cabeça do Jeremias. A partir daí, os amigos do coronel começaram a prender todos os escravos e escravas antes que fugissem, ao que o José gritou com a maior força que pôde:

– Meus amigos e minhas amigas, que foram escravos por toda esta vida, saibam que a partir de agora são livres. Hoje mesmo prepararei as cartas de alforria. Tudo nesta fazenda será diferente. Aqueles que quiserem ficar receberão o pagamento pelos seus trabalhos. Casas serão erguidas para a moradia dos senhores e das senhoras. E uma escola será construída para crianças e também para os adultos que queiram aprender a ler e escrever.

– Enlouqueceu, sinhozinho José? Nós, coronéis, não deixaremos que faça isso. O sinhozinho tá enlouquecido por tudo o que passou. Se tomar essas atitudes descabidas, será banido de vez da sociedade. E já sabemos de sua fama de mascarado para salvar os negros. Nenhuma filha nossa terá permissão para se casar com o sinhozinho. Pense bem!

– Esta terra é minha. Esta fazenda é herança do meu pai. Aqui não haverá escravos e escravas nunca mais!

E assim foi feito, e o tempo passou.

CAPÍTULO XIV

Preto como o leite e branco como o café

Casei-me com o José, meu companheiro de tantas vidas, mas antes disso fomos buscar meus pais adotivos, Josefa e Francisco, no leprosário. Porém, ao chegar, descobrimos que eles já haviam partido para o Plano Espiritual. A saudade dos meus pais amados adotivos foi imensa por toda a minha vida. E eu e o José sempre rezávamos por eles e pedíamos a Deus e a Jesus que os protegesse e que a eles sempre fosse enviada muita luz de amor e paz.

Trabalhamos até o fim de nossos dias pela liberdade dos escravos. Com o lucro da fazenda, comprávamos escravos e escravas para libertá-los. O José virou político na província de São Paulo e defendia como podia a liberdade dos escravos. E eu fui a primeira professora da escola que construímos na fazenda. E, depois de alguns anos, os alunos mais velhos passaram a ensinar os mais novos.

Eu e o José tivemos vários filhos com as mais variadas tonalidades de cor de pele. Fomos banidos, claro, com nossos filhos, do convívio da sociedade escravocrata da época. Éramos chamados por muitos de hereges. Afinal, um homem branco feito leite, o José, jamais poderia ter se casado com uma mulher negra feito café torrado como eu, Ana. Mas por outro lado conseguimos muitos amigos e amigas que lutavam pela mesma causa de liberdade aos escravos.

Desencarnamos com idade avançada e nascemos novamente no final do século XIX. Mais uma vez nos encontramos no Plano Físico, passamos nossa vida no Brasil e tornamo-nos, com a bênção de Deus, novamente companheiros. Tivemos a bênção de receber vários filhos biológicos e filhos do coração, estes uma menina e um menino, negros como o café, os quais na vida passada haviam sido meus amados pais adotivos, Josefa e Francisco.

E por essas adoções mais uma vez fomos banidos do convívio de muitas pessoas, porque elas entendiam ser inadmissível um casal branco adotar crianças negras. O José desencarnou antes de mim e depois de algumas décadas tive a enorme felicidade de encontrá-lo no mundo espiritual na cidade "Nossa Senhora – Mãe de Jesus".

Ao chegar a essa maravilhosa cidade espiritual, soube pelo José que a vovó Quitéria, a sinhá Rosa, a Adelaide e muitos escravos e escravas, feitores e capitães-do-mato que tinham vivido na fazenda do coronel Belarmino vivenciavam mais uma experiência no Plano Físico.

E quanto ao coronel Belarmino, até então, recusava ajuda de Deus e de seus obreiros, espíritos de luz. Vivia desde seu último desencarne escravo de suas próprias culpas em locais de puro sofrimento, perseguido pelo escravo Jeremias, além de inúmeros outros que nutriam para com ele sentimentos de vingança.

Desse modo, com a permissão de Deus, o José e eu, auxiliados por espíritos iluminados trabalhadores da cidade espiritual "Nossa Senhora – Mãe de Jesus", trabalhamos com muita fé na tentativa de ajudar o coronel e os que dele insistiam em vingança e sempre, obviamente, com respeito ao livre-arbítrio de cada um.

Até que finalmente, para nossa imensa alegria, vários irmãos e irmãs aceitaram ajuda, entre eles, o coronel Belarmino e o Jeremias, que foram levados para um pronto-socorro espiritual chamado "Posto de Socorro São Miguel Arcanjo". Depois de um bom tempo, os espíritos iluminados responsáveis pelo tratamento do coronel Belarmino e do Jeremias nos autorizaram a visitá-los, já que eles estavam em condições de nos ver.

Fomos para o "Posto de Socorro São Miguel Arcanjo" com o coração cheio de alegria. E ao encontrá-los qual não foi nossa grata surpresa, pois fomos recebidos pela Adelaide e por seu filho, entre outros, que lá residiam e auxiliavam no trabalho de recuperação do coronel e do Jeremias.

Acompanhamos a senhora Adelaide e o Tião através de uma linda alameda com maravilhosas e frondosas árvores cheias de coloridas flores com pássaros a voar e cantar por todos os lados, e vimos surgir à nossa frente um maravilhoso jardim.

Andamos por esse jardim e nos deparamos com inúmeros irmãos e irmãs, que haviam sido escravos de várias fazendas na época do coronel Belarmino. Todos a nos sorrir. Difícil descrever minha sensação de contentamento. Desconheço esse sentimento na Terra Física.

Continuamos andando até que vimos uma mesa com dois irmãos sentados em cadeiras a conversarem de modo amável. Encontravam-se ali o coronel Belarmino e o Jeremias.

Observamos a cena encantadora. Elevamos nossos pensamentos a Deus, a Jesus e aos espíritos iluminados e os agradecemos pelas oportunidades de vida na Terra que nos trazem o aprendizado necessário para que caminhemos sempre para a luz de Deus até nos tornarmos espíritos perfeitos.

E nesse momento o sol brilhava lindamente, e os dois perceberam nossa presença. Olharam-nos felizes, abraçamo-nos todos, e os dois irmãos nos agradeceram pelas orações e trabalhos de resgate.

– Nós é que agradecemos a vocês pelas lições que nos deram – falamos ao mesmo tempo, o José e eu.

Sorrimos todos uns para os outros, escutamos ao longe uma maravilhosa música, e um lindo facho de luz surgiu aos nossos olhos, que aos poucos se transformou no nosso amado Pai Benedito, que disse feliz:

– Deus permite que sejamos ora negros, ora brancos, ora amarelos, ora vermelhos ou qualquer outra cor. Isso para aprendermos que todos, independentemente de qualquer coisa, somos filhos do mesmo Pai. Devemos respeito uns aos outros. Nosso valor moral está em nosso coração! Somos todos seres espirituais em aprendizado, às vezes no Plano Físico e outras no Plano Espiritual. Somos espíritos eternos. Somos criados por Deus, portanto, somos amor. Amor é amor. Afinal, meus amados filhos e amadas filhas, a questão é o que queremos enxergar e sentir com o nosso coração. A escolha é de cada um. Por isso, digo:

"O preto pode ser branco como o leite e o branco preto como o café!".

Outras publicações

ALGUÉM TE ESPERA

Romance espírita de Sandra Marcondes

No ínicio, somente escuridão. Eu não enxergava nada. De repente percebi a luz no fim do túnel, vi e senti no fundo do meu coração a presença do Amado Mestre Jesus.

Estava meio acordada, meio adormecida, e me vi nos braços de minha mãe como nos tempos de minha infância. Deixei-me ficar naquele colo, que tanto amei por várias vidas. E foi ai que me dei conta! Eu já não vivia mais no plano terreno dos encarnados. E minhas filhas, filhos, netas e netos? Como ficariam sem minha presença?

É aqui que começa a história. Vou mostrar as maravilhas e os desafios da minha vida por aqui, no Plano Espiritual.

ISBN: 978-85-86453-29-8
Formato: 14 x 21 - 144 páginas
Papel: off set 75 grs

O PIANISTA DE DEUS

Sandra Marcondes - pelo espírito Wellington

Essa obra é uma história de escolhas humanas, sob a Lei de Deus do Livre--Arbítrio, com suas repercussões e consequências individuais e coletivas. No caso específico de Wellington, suas escolhas são principalmente para entrar ou não no mundo do crime, e particularmente quanto ao comércio e uso ilegal de drogas. Práticas essas, aliás, que, segundo Wellington, "um dia estarão 100% extirpadas do Plano Físico e do Plano Espiritual da Terra. Trata-se de um processo bastante longo de evolução humana, que começa pela mudança interior de cada um, mas que já começou".

ISBN: 978-85-98647-02-9
Formato: 16 x 23 cm - 136 páginas
Papel: off set 75 grs